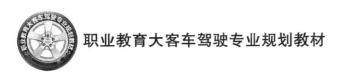

职业教育大客车驾驶专业规划教材

客运服务礼仪

交通运输部运输服务司　组织编写
吴晓斌　主　编

人民交通出版社股份有限公司
China Communications Press Co.,Ltd.

内 容 提 要

本书为职业教育大客车驾驶专业规划教材之一,根据交通运输部办公厅、教育部办公厅、公安部办公厅、人力资源社会保障部办公厅联合下发的《关于开展大客车驾驶人职业教育试点工作的通知》(厅运字〔2014〕100号)编写而成。本书主要内容包括:礼仪与客运服务岗位规范、客运服务仪表礼仪、客运服务仪态规范、客运服务人员服务语言、客运服务待人接物礼仪、客运服务沟通与应对技巧。

本书为大客车驾驶专业的核心教材,也可作为道路客运驾驶人素质提升的培训用书和参考用书。

图书在版编目(CIP)数据

客运服务礼仪/吴晓斌主编.—北京:人民交通出版社股份有限公司,2017.8
职业教育大客车驾驶专业规划教材
ISBN 978-7-114-14011-2

Ⅰ.①客… Ⅱ.①吴… Ⅲ.①城市铁路—客运服务—乘务人员—礼仪—教材 Ⅳ.①F530.9

中国版本图书馆CIP数据核字(2017)第170743号

职业教育大客车驾驶专业规划教材

书　名:	**客运服务礼仪**
著　作　者:	吴晓斌
责任编辑:	郭　跃
出版发行:	人民交通出版社股份有限公司
地　址:	(100011)北京市朝阳区安定门外外馆斜街3号
网　址:	http://www.ccpress.com.cn
销售电话:	(010)59757973
总　经　销:	人民交通出版社股份有限公司发行部
经　销:	各地新华书店
印　刷:	北京虎彩文化传播有限公司
开　本:	787×1092　1/16
印　张:	9.75
字　数:	219千
版　次:	2017年8月　第1版
印　次:	2023年10月　第3次印刷
书　号:	ISBN 978-7-114-14011-2
定　价:	23.00元

(有印刷、装订质量问题的图书由本公司负责调换)

职业教育大客车驾驶专业规划教材
编写委员会

(按姓氏笔画排列)

王　杨　　乔士俊　　祁晓峰　　李　斌

李　勤　　吴晓斌　　张开云　　张则雷

周　铭　　徐新春　　翁志新　　郭　跃

凌　晨　　蒋志伟　　解　云　　戴良鸿

前 言
FOREWORD

为进一步贯彻落实《国务院关于加强道路交通安全工作的意见》(国发〔2012〕30号)的有关要求,"将大客车驾驶人培养纳入国家职业教育体系,努力解决高素质客运驾驶人短缺问题",经交通运输部、教育部、公安部和人力资源社会保障部共同研究,于2014年07月29日发文《关于开展大客车驾驶人职业教育试点工作的通知》(厅运字〔2014〕100号),决定在江苏、安徽、云南三省各选取一至两所具备资质的职业技术学院、高级技工学校,开展大客车驾驶人职业教育试点工作。为了认真落实通知精神,提升大客车驾驶人职业教育的办学水平,人民交通出版社受交通运输部委托,特组织试点院校编写职业教育大客车驾驶专业规划教材,以供本专业教学使用。

本套教材总结了全国交通高级技工学校、技师学院多年的专业教学经验,结合道路客运企业对大客车驾驶人的特殊要求,注重以学生就业为导向,以培养能力为本位,教材内容符合大客车驾驶专业教学改革精神,适应道路客运企业对大客车驾驶技能型紧缺人才的要求。本套教材中部分教材内容是在江苏汽车技师学院《大客车驾驶专业教学标准和课程标准》研究课题的课程体系框架下确定的。本套教材具有以下特色:

1. 按照交通行业职业技能规范和国家职业资格标准构建课程体系和教材体系。本套教材遵循大客车驾驶学制培养的具体要求,为贯彻国家职业资格标准,保证提高大客车驾驶专业学生的技术素质和服务质量奠定了良好的基础。

2. 本套教材注重实用性,体现先进性,保证科学性,突出实践性,贯穿可操作性,反映了汽车工业的新知识、新技术、新工艺和新标准,其工艺过程尽可能与当前生产情景一致。

3. 本套教材体现了汽车驾驶高级工应知应会的知识技能要求,更注重了汽车驾驶传统经验与现代大客车技术的有机结合。

4. 本套教材文字简洁,通俗易懂,以图代文,图文并茂,形象直观,形式生动,容易培养学生的学习兴趣,提高学习效果。

《客运服务礼仪》为本套教材之一,主要内容包括:礼仪与客运服务岗位规范、客运服务仪表礼仪、客运服务仪态规范、客运服务人员服务语言、客运服务待人接物礼仪、客运服务沟通与应对技巧。

本书由杭州技师学院吴晓斌担任主编,负责统稿。其中杭州技师学院吴晓斌编写了项目一和项目五,杭州技师学院张玮馨参与了项目四、云南交通技师学院刘薇参与了项目二、浙江交通技师学院宋墨参与了项目三、江苏汽车技师学院郭华参与了项目六的编写。

限于编者水平,加之大客车驾驶专业在全国已停办数年,书中难免有不当之处,敬请广大院校师生提出意见和建议,以便再版时完善。

编写委员会
2017 年 3 月

目 录
CONTENTS

项目一 礼仪与客运服务岗位规范 ··· 1
  课题一 礼仪概述 ··· 1
  课题二 汽车客运站服务岗位规范 ··· 5
  课题三 客运驾乘人员服务规范 ··· 25

项目二 客运服务仪表礼仪 ··· 44
  课题一 仪表礼仪概述 ··· 44
  课题二 客运服务人员妆饰礼仪规范 ··· 46
  课题三 客运服务人员服饰礼仪规范 ··· 50
  课题四 客运服务岗位与仪表礼仪 ··· 56

项目三 客运服务仪态规范 ··· 59
  课题一 站、坐、行、蹲姿态规范 ··· 59
  课题二 手势、上下车礼仪规范 ··· 69
  课题三 表情礼仪规范 ··· 72

项目四 客运服务人员服务语言 ··· 76
  课题一 客运服务服务语言 ··· 76
  课题二 客运服务服务语言的语气、语调、语速 ··· 83
  课题三 客运服务服务语言的特点 ··· 89

项目五 客运服务待人接物礼仪 ··· 94
  课题一 见面礼仪 ··· 95
  课题二 介绍礼仪 ··· 104
  课题三 接待礼仪 ··· 106
  课题四 位次礼仪 ··· 109

项目六 客运服务沟通与应对技巧 ··· 120
  课题一 沟通与应对技巧 ··· 121
  课题二 聆听的技巧 ··· 130
  课题三 接打电话的使用技巧 ··· 135
  课题四 纠纷处理 ··· 140
  课题五 客运服务人员沟通与应对技巧 ··· 142

参考文献 ··· 148

项目一 礼仪与客运服务岗位规范

项目要求

1. 知识目标

知道礼仪、服务礼仪的基本知识,包括礼仪和服务礼仪的含义和内容、礼仪在服务活动尤其是客运营销中的重要性、客运服务人员的基本素养和礼仪要求;知道客运服务企业的现状,并了解其内部结构、各部门各岗位人员的职责,掌握客运服务的基本环节。

2. 技能目标

能够运用现代服务礼仪的基本知识,养成良好的礼仪修养,并能够在日常生活和工作中付诸实践。能够运用掌握的基本知识把握客运服务人员应该具备的素质,并能够在日常生活和工作中付诸实践。

3. 素养目标

重视礼仪在现代商务交往中的重要作用,并能够树立起较强的礼仪意识,为将来踏入汽车客运服务行业做好准备。认识客运企业,对应自身所学专业,明确学习目标。

项目描述

从古至今,我国素有"礼仪之邦"的美誉,包括儒家、道家等许多主流思想都推崇"讲礼重仪",并且对古代和近代社会文化的礼仪观念形成起到了重要的推动作用。现代社会的日常生活交往和经济活动交往中,加强礼仪教育,对于提升自身修养和素质、促进社会文明以及事业成功都具有重要的现实意义。本项目主要是介绍礼仪尤其是服务礼仪基本知识,包括服务礼仪的基本概念,礼仪的起源和发展,以及礼仪在营销活动尤其是客运服务中的重要作用。课题二与课题三全面介绍了客运服务企业的现状、内部结构、各岗位的基本责任和服务的基本环节与基本礼仪规范。

建议课时

6课时。

课题一 礼仪概述

在日常生活和商务交往中,遵循一定的礼仪规范,会使社交和商务活动能够进行得更加顺利,甚至在一定程度上决定了沟通的成败与否,因为恰当、规范的礼仪既能体现出对他人的尊重,又能展现个人魅力和修养,因此,作为商务工作人员,应该了解礼仪的基本知识,掌握礼仪基本规范。

一、礼仪的起源与发展

(一) 礼仪的起源

礼仪最初的产生是为了协调群体生活中的各种矛盾,维护社会生活中的"人伦秩序"。

早期人类多以群居形式生活,使得人与人之间相互依赖又相互制约。在群体生活中,男女有别,老少有异,既是一种天然的"人伦秩序",又是一种需要被所有成员共同认定、保证和维护的社会秩序。人类面临着的内部关系必须妥善处理,因此,人们逐步积累和自然约定出一系列"人伦秩序",这就是最初的礼。此外,原始宗教的祭祀活动也为古代礼仪的形成奠定了一定的基础。这些祭祀活动在历史发展中逐步完善了相应的规范和制度,也就是祭祀礼仪。随着人类对自然与社会各种关系认识的逐步深入,人们将事神致福活动中的一系列行为,从内容和形式扩展到了各种人际交往活动,从最初的祭祀之礼(图1-1)扩展到社会各个领域的各种各样的礼仪,如古代的祭天礼仪(图1-2)。

图1-1 河南新郑黄帝故里拜祖大典

图1-2 北京天坛祭天仪式

(二) 礼仪的发展

原始社会中晚期已经出现了早期礼仪的萌芽,尚不具有阶级性。具体表现有婚嫁礼仪、部族内部尊卑等级的礼制、祭典仪式,同时也出现了人们相互交往中表示礼节和表示恭敬的动作。

人类进入奴隶社会,统治阶级为了巩固自己的统治地位把原始的宗教礼仪发展成符合奴隶社会政治需要的礼制,将其打上了阶级烙印。在这个阶段,中国第一次形成了一整套涉及社会生活各方面的礼仪规范和行为标准(如"五礼"),这是比较完整的国家礼仪与制度。一些礼制典籍如周代的《周礼》《仪礼》《礼记》也在这一时期相继诞生,在汉以后2000多年的历史中,它们一直是国家制定礼仪制度的经典著作,被称为礼经。

春秋战国时期是礼仪的变革时期,以孔子、孟子等为代表的诸子百家对礼教给予了研究和发展,第一次在理论上全面而深刻地论述了社会等级秩序划分及其意义。例如,孔子非常重视礼仪,把"礼"看成是治国、安邦之基础,更有"不学礼,无以立""质胜文则野,文胜质则史。文质彬彬,然后君子"等强调礼仪的经典语句。孟子则认为"礼"更多地体现为对尊长和宾客严肃而有礼貌,即"恭敬之心,礼也",并把"礼"看作是人的善性的发端之一。

从秦汉到清末,在我国长达2000多年的封建社会里,不同朝代的礼仪文化在社会政治、经济、文化等特征方面都有了各自的发展,但却一直为统治阶级所利用,礼仪成为维护封建社会的等级秩序的工具。整个封建社会的礼仪,大致可以分为国家政治的礼制和家庭伦理两类,这一时期的礼仪正是构成中华传统礼仪的主体。

近现代礼仪的发展更多是受到西方的影响,辛亥革命以后,中国的传统礼仪规范、制度,受到强烈冲击。五四新文化运动荡涤了腐朽、落后的封建礼教,并继承和完善了一些符合时代要求的传统礼仪,同时将一些国际上通用的礼仪形式和规范引入进来,使中华礼仪焕然一新。新中国成立后,逐渐确立以平等相处、友好往来、相互帮助、团结友爱为主要原则的具有中国特色的新型社会关系和人际关系。改革开放以来,随着中国与世界的交往日趋频繁,我国的传统礼仪和西方一些先进的礼仪、礼节相容并生,一道融入社会生活、经济生活的各个方面,形成了中西交融的礼仪文化特色。今后,随着社会的进步、人民文化素质的提高、科技的发展以及国际交往的增多,礼仪必将得到新的完善和发展。

二、礼仪的涵义与内容

1. 礼仪的涵义

一般来讲,礼仪可以分成"礼"和"仪"两部分。"礼"是指礼貌、礼节,在《中国礼仪大辞典》中,礼是指特定的民族、人群或国家基于客观历史传统而形成的价值观念、道德规范以及与之相适应的典章制度和行为方式;"仪"则为"仪表""仪态""仪式""仪容"等,是对礼节、仪式的统称。

因此,我们认为"礼仪"就是人们在各种社会的具体交往中,为了相互尊重,在仪表、仪态、仪式、仪容、言谈举止等方面约定俗成的、共同认可的规范和程序。从广义的角度看,礼仪泛指人们在社会交往中的各种行为规范和交际艺术。从狭义上看,礼仪通常是指在较大或隆重的正式场合,为表示敬意、尊重、重视等所举行的合乎社交规范和道德规范的仪式。

2. 礼仪的内容

礼仪贯穿于社会生活中的各个方面,它的内容涵盖了日常交往、商务交流等活动的各种场合。一般来讲,礼仪主要分为个人礼仪和公共场所礼仪,个人礼仪从内容上看有仪容、举止、表情、服饰、谈吐、待人接物、待客与做客礼仪、见面礼仪、馈赠礼仪等。

公共场所礼仪主要是针对特定环境或场合需要遵循的礼仪规范,如图书馆礼仪、影剧院礼仪、酒会礼仪、餐桌礼仪等。

三、礼仪的基本特征

1. 差异性

礼仪作为一种行为准则和约定俗成的规范,是各民族礼仪文化的一个共性。但是对于礼仪的具体运用,则会因现实条件的不同而呈现出差异性。这主要表现在同一礼仪形式常常会因时间地点的不同使其意义出现差异。

礼仪的差异性,还表现为同一礼仪形式,在不同场合,针对不同对象,会有细微差别。同样是握手,男女之间力度就应不同,新老朋友之间亦有差别。同样是打招呼,在不同地区、不同民族运用形式也不同。

2. 规范性

礼仪是一种规范。礼仪规范的形成,是人们在社会交往实践中所形成的一定礼仪关系,通过某种风俗习惯和传统的方式固定下来,通过一定社会的思想家们集中概括出来,见之于人们的生活实践,形成人们普遍遵循的行为准则。这种行为准则,不断地支配或控制着人们的交往行为。规范性是礼仪的一个极为重要的特性。

3. 社会普遍性

礼仪这种文化形态,有着广泛的社会性。礼仪贯穿于整个人类的始终,遍及社会的各个领域,渗透到各种社会关系之中,只要有人和人的关系存在,就会有作为人的行为准则和规范的礼仪的存在。

4. 时代发展性

礼仪是一种社会历史发展的产物,并具有鲜明的时代特点。一方面它是在人类的交际活动实践之中形成、发展、完善起来的;另一方面,社会的发展,历史的进步,由此而引起的众多社交活动的新特点、新问题的出现,又要求礼仪有所变化,这就使礼仪具有相对的变动性。

四、礼仪的种类

礼仪按应用范围一般分为政务礼仪、商务礼仪、服务礼仪、社交礼仪、涉外礼仪、日常生活礼仪和风俗节庆礼仪七大类。

1. 政务礼仪

政务礼仪是国家公务员在行使国家权力和管理职能时所必须遵循的礼仪规范。

2. 商务礼仪

商务礼仪是人们在商务活动中,用以维护企业形象或个人形象,对交往对象表示尊重和友好的行为准则和规范。它是人们在商务活动中应遵循的礼节,是礼仪在商务领域中的具体运用和体现,实际上就是在商务活动中对人的仪容仪表和言谈举止的一种普遍要求。

3. 服务礼仪

服务礼仪是指服务行业的从业人员应具备的基本素质和应遵守的行为规范。主要适用于服务行业的从业人员、经营管理人员、商界人士、职场人士、企业白领等从事这一领域的人士。

4. 社交礼仪

社交礼仪是指人们在人际交往过程中所具备的基本素质、交际能力等。社交礼仪在当今社会人际交往中发挥的作用越显重要。

5. 涉外礼仪

涉外礼仪是指在长期的国际往来中,逐步形成了外事礼仪规范,也就是人们参与国际交往所要遵守的惯例,是约定俗成的做法。它强调交往中的规范性、对象性、技巧性。

6. 日常生活礼仪

日常生活礼仪包括见面礼仪、会议礼仪、交谈礼仪、宴会礼仪、会客礼仪、舞会礼仪、馈赠礼仪及探病礼仪。

7. 风俗节庆礼仪

风俗节庆礼仪包括春节礼仪、清明礼仪、端午礼仪、重阳礼仪、中秋礼仪及结婚礼仪、殡葬礼仪和祝寿礼仪。

五、服务礼仪的原则

服务礼仪是各服务行业人员必备的素质和基本条件。出于对客人的尊重与友好,在服务中要注重仪表、仪容、仪态和语言、操作的规范;热情服务则要求服务员发自内心地、热忱地向客人提供主动、周到的服务,从而表现出服务员良好风度与素养。

竞争环境的改变大多是渐热式的。作为服务工作人员,如果没有服务意识,如果对环境的变化没有一点感知,又缺乏自我努力、自我上进的精神的话,最后就会像温水里被煮的青蛙一样,被煮熟、被淘汰了都不知道。在接待服务期间,除了热心与热情之外,还需通过专业的礼仪培训,才能较好地完成各项接待与服务工作。在服务礼仪中,有一些具有普遍性、共同性、指导性的礼仪规律。这些礼仪规律,即礼仪的原则。掌握礼仪的原则很重要,它是服务人员更好地学习礼仪和运用礼仪的重要的指导思想。服务礼仪的原则如下。

1. 尊重的原则

孔子说:"礼者,敬人也",这是对礼仪的核心思想的高度概括。所谓尊重的原则,就是要求在服务过程中,将对客人的重视、恭敬、友好放在第一位,这是礼仪的重点与核心。因此在服务过程中,首要的原则就是敬人之心常存,掌握了这一点,就等于掌握了礼仪的灵魂。在人际交往中,只要不失敬人之意,哪怕具体做法一时失当,也容易获得服务对象的谅解。

2. 真诚的原则

服务礼仪所讲的真诚的原则,就是要求在服务过程中,必须待人以诚,只有如此,才能表达对客人的尊敬与友好,才会更好地被对方所理解和接受。与此相反,倘若仅把礼仪作为一种道具和伪装,在具体操作礼仪规范时口是心非,言行不一,则是有悖礼仪的基本宗旨的。

3. 宽容的原则

宽容的原则,是要求我们在服务过程中,既要严于律己,更要宽以待人。要多体谅和理解他人,学会与服务对象进行心理换位,而千万不要求全责备,咄咄逼人。这实际上也是尊重对方的一个主要表现。

4. 从俗的原则

由于国情、民族、文化背景的不同,在人际交往中,实际上存在着"十里不同风,百里不同俗"的局面。这就要求从业者在服务工作中,对本国或各国的礼仪文化、礼仪风俗以及宗教禁忌要有全面、准确的了解,才能够在服务过程中得心应手,避免出现差错。

5. 适度的原则

适度的原则,是要求应用礼仪时,为了保证取得成效,必须注意技巧,合乎规范,特别要注意做到把握分寸、认真得体。这是因为凡事过犹不及。假如做得过了头,或者做得不到位,都不能正确地表达自己的自律、敬人之意。

课题二 汽车客运站服务岗位规范

一、汽车客运站的机构设置及人员配备

(一)机构设置

为了加强站务管理工作,客运站应设立必要的组织机构,并根据各级站务作业内容,建

立相应的若干班级,划分分工范围,明确岗位,落实职责。各级车站机构设置,由各省、自治区、直辖市交通主管部门研究确定。

1. 客运站的领导机构

客运站的领导班子的组成视客运站的规模而定,车站实行站长(总经理)负责制。汽车站总经理对客运站的两个文明建设负全面责任。

2. 客运服务部

客运服务部是客运站最重要的部门之一,主要负责客运服务和管理现场生产。

(1)售票班。售票班的下属岗位为售票员,主要职能是为旅客提供站内售票服务。

(2)服务班。

①总台服务员:为旅客提供各种服务工作,如接受咨询、小件寄存等。

②迎门服务员:引导乘客买票、乘车,提供候车服务等。

③广播员:对旅客和驾乘人员广播信息。

④候车服务员:为旅客提供候车服务。

(3)检票员。负责检票,引导旅客上车。

(4)行包班。办理行包承运,组织好装车工作,认真办理好行包交运手续。

(5)调度班。管理班车日运营计划,根据线路当时运行情况,现场调度。

3. 财务部

(1)结算员。及时准确地做好运费、站务费的结算。

(2)会计。正确执行上级和财税及银信系统颁发的财务管理制度和办法及要求,负责客运站的财务管理工作,每月按规定做好各种记录,做到账物相符。

(3)出纳员。严格按照国家有关现金管理和银行决算制度的规定,根据稽核人员审核签章的收款凭证进行复核,办理现金款项收付和银行决算业务。

4. 安保部

安保部负责管理公司的安全保卫工作、安全例检、出站门检、行包安检工作及消防等工作。

5. 办公室

办公室负责管理客运站行政人事工作。

6. 营销部

营销部负责收集市场信息、客运业务的拓展、创品牌、树形象,协调与行业管理部门的关系。

(二)客运站人员的配置

1. 客运站人员配备的基本要求

客运站机构确定以后,要根据国家有关政策和法规,结合客运站的实际情况,合理地配置各部门、各岗位的人员,以保证站务工作高效、有序进行。对人员配备的基本要求是:

(1)定员标准要求合理,既要保证生产的需要,又要避免人工浪费。

(2)正确处理各类人员的比例关系。

2. 人员配备标准

(1)站务人员:按车站站务工作量每100人次配备1.80~2.00人。其中:售票员0.32

人;服务员(包括检票、广播、寄存、问讯、卫生等)0.90人,过路班车每15个班次增配1人;行包员0.28人;装卸工0.40人。

(2)调度员:按驻站客车配备,30辆及30辆以下为2.00~3.00人,每增加30辆增配1人。

(3)管理人员(包括站领导、股室负责人、业务、财务、统计、公安、稽查、安检、政工人员等)和后勤人员。按上述人员总数的20%~22%配备。

(4)乘务人员:配有乘务员的客车,每辆配备1.33~1.50人;双班运行的,增加一倍。

(5)驾驶人:按每辆客车1.33~1.50人配备,双班运行的,增加一倍。

(6)保修人员:按保修作业工作量计算,每一保修车位配备2.00~4.00人,如双班作业时,可适当增加人数。

各客运站的人员配置可以采用按劳动定额定员、按设备定员、按岗位定员、按比例定员、按业务分工定员等多种方法进行合理配置。

二、汽车客运站服务岗位设置

规范的岗位设置是实现汽车客运站服务管理规范化的组织保证。目前一般客运站实行站长负责制。根据客运站营运班车的数量、客流量的多少,经营管理的任务,车站场地的面积,多种经营开发的规模和客运站班车规范作业的程序等来进行岗位设置。

客运站一般应设置以下服务岗位:值班站长,迎门服务员(依客运汽车站所在地的实际情况设置),问事服务员,售票员,行包服务员,小件寄存服务员,候车室服务员,安检员,广播员,检票员,出站验票员,车辆调度员,车场管理员,门检员等。

三、主要服务岗位职责

工作岗位是客运站正常运行的重要组成部分。各个岗位工作的好坏,直接影响到客运站的生存和发展。

(一)各服务岗位基本职责和工作要求

(1)认真学习和执行党和国家的各项方针政策和法令,努力钻研技术,熟悉客运业务,遵守运输纪律,着眼于旅客,立足于服务,做到文明服务,礼貌待客。

(2)严格执行交通运输部《汽车旅客运输规则》等有关客运规章制度和服务质量标准,做到标准化、规范化、程序化服务。

(3)严格按照规定穿着统一的工作服,并按规定佩戴服务标志上岗,做到服饰整洁,仪容端庄。

(4)遵守车站的各项规章制度,按时到岗,集中精力,精神饱满,当班时不做与本职工作无关的事情。

(5)工作时必须讲普通话,使用"十字"(您好、请、谢谢、对不起、再见)文明用语,做到举止庄重,言语可亲,态度和蔼,微笑服务。

(6)搞好岗位环境卫生,保持站容、车容整洁。

(7)维护公共秩序,敢与不良现象做斗争。

(8)遵守职业道德,奉公守法,端正行风,不刁难和敲诈旅客。

(二)客运汽车站一些主要服务岗位的岗位职责

1. 值班站长岗位职责

(1)全面掌握旅客运输业务及国家有关道路客运政策和规定,讲究交通职业道德。

(2)检查各岗位人员到岗情况,督促、组织各班组召开班前会和班后会。

(3)掌握各岗位人员工作情况,协调各岗位间的配合,指挥现场工作;加强站车联系,确保班车正班、正点。

(4)掌握本站旅客流量、流向、流时及道路、班次、天气变化情况,及时与有关部门交流信息,并做出相应对策。

(5)对各岗位人员工作质量和岗位职责履行情况进行检查考核,及时制止和处理违章作业。

(6)认真听取旅客意见,帮助旅客解决困难,及时处理现场发生的问题。

(7)认真填写值班记录,做好交接班工作。

2. 迎门服务员岗位职责

(1)旅客进站要笑脸相迎,站姿端正、主动、热情。

(2)主动向旅客介绍售票、候车、行包托运、小件寄存等位置和办理程序。

(3)掌握车站班次变化及道路、天气等情况,及时向旅客做好宣传。

(4)维持旅客进站秩序,做好旅客疏导工作。

(5)向售票、服务、检票等下道工序介绍重点旅客情况,主动帮他们排忧解难。

(6)观察旅客情况,查看携带物品,制止违禁物品进站。

(7)虚心听取旅客意见,不断改进服务工作。

3. 问事服务员岗位职责

(1)面带微笑,文明服务,礼貌待客,态度和蔼,热情周到。

(2)熟记本站营运线路、班次、发车时间、沿途主要停靠站点、里程、票价、运行时间及其他交通工具到开时刻,了解掌握当地风土人情、名胜古迹及当地主要宾馆、医院、学校、厂矿及名胜古迹情况。

(3)接待旅客问询,有问必答,百问不烦。

(4)热情、细心办理旅客签证、改乘、退票、订票和失物登记、广播找人等工作。

(5)根据需要增设其他服务项目。

(6)认真做好本岗位服务工作的原始记录,及时整理上报。

4. 售票服务员岗位职责

(1)熟记本站营运线路、班次、发车时间、沿途停靠站点、里程、票价、运行时间及中转换乘的班次时间;注意观察客流动态,经常与客运调度交流信息,增减班次及时向旅客发出公告。

(2)严格执行运价、票据管理及营收报解制度,负责票据的领取、登记、发售、保管,遵守售票纪律,严禁无关人员进入售票室。

(3)根据不同旅客的特点,耐心、细致、快速、准确地完成售票任务。

(4)遵守操作规程,做到"一会、二清、三问、四唱、五不、六快",减少错票、错款现象。

(5)票面填写要清晰、完整、准确;退票和签证改乘按规定签章。

(6)有问必答,百问不厌,对重点旅客重点照顾,帮助旅客选择经济线路。

(7)按时填写当班记录、原始台账,交接好当班工作。

5. 行包服务员岗位职责

(1)熟记本站营运线路、班次、发车时间、沿途停靠站点、里程,熟练掌握计件物品重量折算方法和行包运费计算方法,负责行包的受理、开票、保管、装卸、交付工作。

(2)严格执行《道路旅客运输及客运站管理规定》有关托运物品的规定和托运包的检查制度,杜绝禁运物品上车。

(3)严格执行运价政策,计费准确,合理调配行包托运。

(4)严格出、入库及装车手续,做好交接签字工作。

(5)班车到达后,凭票领取行包。核对准确后方可交付,无法交付的行包要做好记录,妥善保管。

(6)严格执行行包监装、监卸和交接制度,对行包的责任事故,迅速做好商务事故记录,及时上报。

(7)按时填写当班工作记录和原始台账,负责交接好当班工作。

6. 小件寄存服务员岗位职责

(1)严格执行交通运输部有关收费规定和票据管理制度、营收报解制度,按规定收费,办理存提手续。

(2)严格寄存库房管理,负责保管好旅客寄存的物品。发生物品丢失、损坏事故时,要认真做好记录,积极查找,及时向有关领导汇报。

(3)宣传安全运输规章和小件物品寄存规定,收存小件物品时做好检查,杜绝旅客在寄存的小件物品内夹带危险品。

(4)寄存物品要求挂签存放,提取准确,堆放整齐。

(5)室内严禁烟火,禁止非工作人员入内。

(6)严格交接制度,做好交接班工作。

7. 候车室服务员岗位职责

(1)熟记本站营运线路、班次、发车时间、沿途停靠站点、里程、票价、运行时间及站内主要客运业务,掌握各项服务技能。

(2)主动热情接待旅客,有问必答,扶老携幼,照顾重点旅客。

(3)向旅客做好有关业务、安全、卫生常识等方面的宣传,引导旅客分区候车。

(4)维持站内公共秩序,安排好旅客候车,组织旅客有秩序地排队购票,主动帮助旅客解决问题,做好各项服务工作。

(5)维护好站内服务设施和设备,保证各项服务设施和设备的功能正常发挥。

(6)搞好候车室的清洁卫生,保持站容整洁。负责做好候车室的开水供应、报纸更换等工作。

(7) 负责收挂旅客意见簿,认真做好各项服务工作的原始记录,及时汇总上报。

8. 安检员岗位职责

(1) 严格执行国家政策、法令,认真做好宣传教育工作,遵守安全工作纪律。

(2) 熟知治安保卫、客运业务和安全生产等规章制度,忠于职守,秉公办事,廉政执法,警容风纪整洁,文明执勤。

(3) 负责劝阻并调解旅客之间的纠纷,维护好车站公共秩序。

(4) 负责组织、布置危险品、禁运品和超限量物品的查堵工作,严禁旅客携带上述物品进站上车,一经发现及时按章处理。

9. 广播服务员岗位职责

(1) 提前上岗,检查广播器材是否良好,做好开播前的准备工作,保证播音质量。

(2) 广播时必须使用普通话,做好相关规定及旅客乘车常识的宣传,疏导旅客购票、托运行包和检票上车。

(3) 介绍本站布局、服务设施、服务项目、旅客须知等情况。

(4) 介绍本地交通情况、旅游景点、名胜古迹及城镇的政治、经济、文化概况。

(5) 及时准确通告车辆运行动态,提请旅客注意。督促各岗位人员做好工作。

(6) 做好发车前广播宣传,指挥现场人员按工作程序标准正点发车。

(7) 负责广播找人,在播音期间,适当安排播放好人好事和文娱节目,调节旅客情绪,活跃站内气氛。

10. 检票服务员岗位职责

(1) 检票前,检查车辆到位情况,严格清车清场,做好准备工作。

(2) 负责维持好检票秩序,引导旅客检票进站上车和到站下车,照顾重点旅客优先检票上车。

(3) 检票时,按规定程序做到"三看、一唱、四不检",同时注意超高儿童和非残废军人持半票乘车,注意旅客随身携带的行包是否超重,注意旅客是否携带违禁物品上车。

(4) 检查核对车内人数和行包件数,办好交接手续,认真填写检票记录和行车路单。

(5) 做好过站车的接发工作和发车前的宣传工作,防止旅客错乘、漏乘、误乘。

(6) 正点发车,礼貌送车,杜绝责任晚点。

11. 出站验票岗位职责

(1) 认真清点营运客车载客人数。

(2) 验票完毕后应如实填写路单和检票单。

(3) 签字发车。

12. 车辆安全检查员岗位职责

(1) 严格执行交通运输部《汽车运输业车辆技术管理规定》及相应的行业规章和技术标准。

(2) 车辆进站、回场后,及时了解驾驶人对车辆使用和日常维护情况并进行技术检验。

（3）定期检查车辆灭火器等安全设备的配置情况以及车容、车貌完好情况,保障车辆技术性能完好。

（4）按有关规定和标准,对行车安全装置进行认真检查,注意螺母等小部件的及时紧固和更换。

（5）加强参营人员的安全教育,制止人员和行包超载现象,防止车辆进出站时发生交通事故。

（6）认真填写车辆检验记录,及时将检验合格证交送车辆调度室。

（7）认真检查车辆的二级强制维护记录,督促进行日常维修和技术维护,提高车辆技术性能和完好率,确保车辆安全运营。

四、汽车客运站"三优""三化"

实行"三优""三化"是市场经济条件下规范道路客运服务工作的重要举措,也是促进道路客运服务质量全面提高的重要途径。搞好道路客运的"三优""三化"工作,对促进道路客运市场的发展有着重要的现实意义。

（一）"三优"和"三化"的含义

1."三优"的含义

"三优"是指道路客运的优质服务、优美环境、优良秩序。三者相互联系,相互影响,优质服务是核心,优美环境是条件,优良秩序是保证,三者共同构成道路客运服务质量的总体框架。

（1）优质服务。优质服务是指道路客运各项服务工作主动热情,和蔼周到,安全快捷,经济便利,使旅客感到温暖、愉快、称心、满意。

（2）优美环境。优美环境是指汽车客运站设施齐全有效,布局合理,整洁卫生,气氛和谐,为旅客创造一个安全、舒适、明快、祥和的旅行环境。

（3）优良秩序。优良秩序是指汽车客运站的客流、行包流、车流、信息流通畅合理,井然有序,准确高效,保证旅客旅行的畅通、快速、准时、方便。

2."三化"的含义

"三化"是指道路客运服务过程程序化、服务管理规范化、服务质量标准化。

（1）服务过程程序化。服务过程程序化是指根据道路客运各项作业之间的内在联系和工艺流程,把整个服务过程分为若干个环节,并明确各环节服务内容、标准、要求、工作程序,保证车站各项服务工作环环相扣,节节相连,顺利而有序地进行。

（2）服务管理规范化。服务管理规范化是指通过贯彻执行国家有关政策法规,制定客运经营者各项管理规章制度和工作标准,切实做到有规可依,有章可循,保证客运各项服务工作的质量。

（3）服务质量标准化。服务质量标准化是指根据道路客运服务安全、及时、方便、经济、舒适的质量要求,结合客运各项服务工作的具体内容,制定各岗位、各环节的服务质量标准、业务质量标准,确保客运服务质量。

(二)"三优"的基本内容和要求

1. 道路客运优质服务

道路客运优质服务的基本内容和要求,详见表1-1。

道路客运优质服务的基本内容和要求　　　　表1-1

序号	基本内容	要　　求
1	服务态度端正	①主动热情;②亲切诚恳;③和蔼礼貌;④耐心周到
2	服务行为文明	①有良好的职业道德;②服务语言文明、规范、纯正、温和;③行为举止文明、大方,姿态优美;④服务仪表端庄、健康,精神饱满;⑤着装统一、整洁,佩戴证章
3	服务业务熟练	①服务知识全面、清楚;②服务技巧熟练、准确、迅速;③解答旅客提问及时、准确;④业务操作规范、高效;⑤业务差错率低
4	服务设施完善	①服务设施符合交通运输部颁布的站级建设要求标准;②服务设施合理配套;③服务设施性能完好
5	服务项目齐全	①项目设置合理、配套、方便旅客;②形式多样,品种齐全,满足需要;③根据需求适时更新,引导需求
6	服务收费合理	①公开计费标准;②严格执行运价规则和收费标准;③严格执行客运站收费标准

2. 道路客运优美环境

道路客运优美环境的基本内容和要求,详见表1-2。

道路客运优美环境的基本内容和要求　　　　表1-2

序号	基本内容	要　　求
1	服务设施布局合理	①设施布局符合服务程序要求;②服从工艺流程的要求;③力求紧凑、通畅、短捷;④合理划分区域;⑤方便旅客,便于管理
2	服务设备完好配套	①服务设备成龙配套;②定人定机,持证操作;③定期维修,运转正常;④操作规范,运行安全
3	服务标志齐全醒目	①售票厅、候车厅、问事处、行包托运处和车场设有标志并符合有关标准;②标志明显,字迹清楚;③图表、指示牌悬挂醒目;④去向牌摆放有序,服从车站工艺流程
4	服务场所明快整洁	①门窗完好,玻璃干净;②设施设备清洁干净,摆放整齐,位置适当,方便适用;③站内空气清新,无异味;④场地无杂物、脏物,干净卫生
5	车站场地绿化美化	①种植花草树木,布置花卉盆景;②车站庭园化;③各种设施设备标志美观大方,摆放整齐;④各种花草树木种植合理,造型优美;⑤各种工艺装饰得当
6	车站治安状况良好	①符合社会治安管理条例的要求;②健全车站治安管理部门;③做好"三品"进站上车的查处工作;④做好社会治安的宣传预防工作

3. 道路客运优良秩序

道路客运优良秩序的基本内容和要求,详见表1-3。

道路客运优良秩序的基本内容和要求　　　　　　　　　　　　　　　　表1-3

序号	基本内容	构成	要求
1	客流秩序	进站客流秩序	①进站、购票、候车、检票上车有引导；②候车、上车有秩序；③同一车次客流与其他车次客流不交叉、不干扰；④流线距离短捷；⑤与行包流不交叉
		出站客流秩序	①补票、行包提取、出站标志明显；②出站验票不拥挤；③流线距离短捷；④与车流、进站客流不交叉；⑤及时疏导旅客出站、离站，避免车场混乱
2	车流秩序	发送车流秩序	①停车场与发车位分区明确；②车辆按规定时间到发车位，停放整齐，悬挂有关标志牌；③与其他车流、客流不交叉；④发车出站有条不紊，不阻塞
		到达车流秩序	①进站有标识，有引导；②按规定停车位停车下客，卸行包；③与其他车流、客流、行包流不交叉；④进站有条不紊，不阻塞；⑤运行后清洗、维修、停车等符合规定
		过站车流秩序	①进站、出站有标识，有引导；②有规定过站车辆停车位；③过站车辆商务作业简捷、方便；④车流、客流、行包流不交叉；⑤滞留时间短
3	行包流秩序	发送行包流秩序	①行包受理标识明显，受理及时；②行包传送简捷、完整；③行包储存、堆放整齐、有序；④行包装车及时，无错装、漏装
		到达行包流秩序	①行包卸车及时；②行包传递迅速、完整；③行包提取手续简单，无混乱；④与其他行包流不交叉
		中转行包流秩序	①流线距离短捷；②临时堆放整齐，有标识；③与其他行包流不交叉
4	信息流秩序	站务服务信息流秩序	①站内指示性信息准确、清楚，易于理解；②旅行指南信息准确，宣传及时；③反馈信息处理及时；④有关票据、票证传递及时、完整、准确；⑤信息服务工作高效、全面
		站务业务信息流秩序	①各有关岗位信息传递及时、准确；②有关票据、单证传递及时；③业务信息传递规范；④信息系统健全，信息处理工具和设备先进

4."三化"的基本内容

1）客运服务过程程序化

车站服务岗位是根据车站服务作业流程设置的。站务作业的服务对象，通俗地讲，就是人和车。人就是旅客，车就是班车。根据人、车对车站服务的要求，就可以确定相应的作业流程。部分客运服务岗位的工作程序如下：

①值班站长工作程序。值班站长工作程序及作业内容如表1-4所示。

值班站长工作程序　　　　　　　　　　　　　　　　　　　　　　　表1-4

序号	工作程序	作业内容	质量要求
1	准备工作	①着装整洁，佩戴服务证章，签到上班；②与上班值班站长做好交接工作，了解接班后待处理的问题；③了解当日车次、车型、客流变化及线路通阻情况	掌握情况，了解动态；发现问题，及时处理
2	班前会	①组织班前会，布置当日工作要点，督促各班组召开班前会；②检查各岗位服务人员着装与佩戴服务证章情况；③落实当日班次、车型变更及道路通阻情况，采取相应措施；④落实当班工作任务	及时监督，严格检查，搞好协调，明确任务

续上表

序号	工作程序	作业内容	质量要求
3	现场工作	①检查各项服务设施、设备是否齐全、有效; ②检查班车到位情况,清车清场; ③督促服务员引客检票上车; ④督促各岗位履行职责,防止"三品"上车; ⑤查看行包是否按规定装车; ⑥处理临时发生的问题; ⑦组织指挥班车正班正点发车	严格检查,指挥果断;正点发车,秩序井然
4	调查协调	①深入旅客之中,征求对客运工作的意见和要求,帮助旅客解决疑难问题; ②发现车辆故障,及时与维修车间联系,组织抢修; ③做好到达班车的接车、验票、行包交付的组织工作; ④检查后勤工作,确保正常供应	征询意见,发现问题,及时处理,确保运行
5	巡回查岗	①检查各岗位规章制度、工作程序与标准执行情况; ②督促各岗位履行职责,密切配合,互相衔接; ③检查各项考核、评比、记分执行情况; ④提醒各岗位全面服务,重点照顾	巡视查岗,掌握情况,严格制度,不徇私情
6	互通情况	①及时掌握旅客流量、流向、流时的变化,合理调整发车班次; ②对无故缺班和线路变更情况及时做好记录,并向站长汇报,做好对旅客的解释工作; ③因路阻造成的停运,及时向旅客公布或广播	掌握情况,及时准确;反馈信息,迅速完整
7	做好记录	①检查处理当日旅客意见簿上的问题,并做出答复,对重点意见或建议请示站长处理; ②认真写好值班站长日志,检查各岗位的原始记录、报表等,做好记录登记	旅客意见,及时处理;原始记录,完整准确
8	下班前	①督促各班组、各岗位搞好各自卫生区的卫生工作和下班前的各项收尾工作; ②督促各班组开好班后会,搞好服务竞赛评比工作,并做好记录; ③检查各班组、各岗位次日各项工作的准备情况	卫生达标,总结全面;记录清晰,准备充分

②迎门服务员工作程序。迎门服务员工作程序及作业内容如表1-5所示。

迎门服务员工作程序　　　　　表1-5

序号	工作程序	作业内容	质量要求
1	准备工作	①着装整洁,佩戴服务证章,签到上岗; ②参加班前会,掌握当日车次、时间和线路变更等情况; ③挂服务牌、旅客意见簿、记录本等; ④做好其他各项服务准备工作	掌握情况,及时准确;准备工作,充分扎实
2	迎客进站	旅客进站,笑脸相迎,招手示意,帮拿物品,文明服务	面带微笑,站姿端正;举止大方,服务周到

续上表

序号	工作程序	作业内容	质量要求
3	介绍引导	①向旅客介绍车站服务项目与服务处所的位置; ②引导旅客购票、候车、托运行包; ③热情回答旅客的询问	主动调解,明确详细;态度和蔼,百问不烦
4	热情宣传	①宣传车站新开辟的线路和新增班车情况; ②宣传班次变更情况; ③宣传"客规"的有关规定和车站卫生管理规定等	准确及时,口齿清晰;文明易懂,顾客满意
5	掌握情况	①观察旅客情况,协助查看携带物品; ②全方位为旅客服务,重点旅客照顾周到	重点照顾,扶老携幼;严禁三品,确保安全
6	做好交接	及时向售票、行包托运、候车服务、检票等工序介绍重点旅客和当日客流情况	重点旅客,妥善安置
7	下班前	①清扫本区卫生; ②取下服务牌、意见簿、记录本,并认真阅读,重大问题和好的建议向值班站长及时汇报; ③参加班后会,总结当日工作	整洁卫生,善始善终;汇报及时,交接认真

③问事服务员工作程序。问事服务员工作程序及作业内容如表1-6所示。

问事服务员工作程序　　　　　　　　表1-6

序号	工作程序	作业内容	质量要求
1	准备工作	①着装整洁,佩戴服务证章,签到上班; ②参加班前会,掌握当日车次、时间和线路变更等情况; ③挂旅客意见簿、记录本等; ④做好其他各项服务准备工作	掌握情况,及时准确;准备工作,充分周全
2	解答问题	①热情回答旅客的问询; ②提供旅行指南; ③介绍车站的车次、时间、乘车注意事项等; ④宣传《客规》、乘车须知、安全常识等	有问必答,耐心和蔼;用语标准,解释疑难
3	代办服务	①代打电话,按规定收费; ②代售邮票,代旅客写信并负责寄转; ③代售晕车药品,并介绍服药方法	通话准确,态度和蔼;寄转及时,准确无误
4	订留退票	①做好电话订票、留票记录,发放订票、留票和座号; ②严格按规定办理退票手续; ③办理改乘、换乘的签证工作,售站台票	记录准确,发放无误;照章退票,账款相符
5	相互联系	根据旅客的需要,做好与售票、行包托取、检票等环节的联系工作	掌握情况,及时准确;反馈信息,迅速完整
6	下班前	①上交票款,清扫本区卫生; ②取下意见簿、记录本,并认真阅读,重大问题或好的建议及时向值班站长汇报; ③参加班后会,总结当日工作	按时交款,记录准确;汇报及时,交接认真

④售票员(计算机售票)工作程序。售票员(计算机售票)工作程序及作业内容如表1-7所示。

售票员(计算机售票)工作程序　　　　　　　　　　　　　　　　　　　　　表 1-7

序号	工作程序	作 业 内 容	质 量 要 求
1	准备工作	①着装整洁,佩戴服务证章,签到上班; ②参加班前会,接受任务; ③打开计算机,输入本人工作代码; ④备好零钱和满员牌等用具,整理操作台; ⑤挂服务牌、旅客意见簿、记录本等,按时开窗售票	仪容整洁,牌证齐全;代码正确,开窗及时
2	收款售票	①坐姿端正,微笑迎客,用语文明; ②售票时必须做到"一会、二清、三问、四唱、五快",给错购站点、车次的旅客换票; ③售票结束,及时退出终端机	文明售票,礼貌待客;快速准确,票款相符
3	互通情况	①客满、改线、停发时及时发出公告; ②及时向值班站长汇报客流流向、流量、流时变化情况,必要时提出增开班次的请求; ③准备当次班车的售票记录单,并交给检票员	公告及时,信息准确,售票记录,及时转交
4	结账缴款	①抄录起讫票号; ②填写售票日报表; ③清点票款; ④交款	填写认真,不草不漏;清点准确,上交及时
5	下班前	①做好交接工作; ②锁好抽屉,关好计算机与门窗,切断电源; ③搞好室内卫生; ④参加班后会,总结当日工作	交接清楚,保障安全;搞好卫生,认真总结

⑤售票员(人工售票)工作程序。售票员(人工售票)工作程序及作业内容如表 1-8 所示。

售票员(人工售票)工作程序　　　　　　　　　　　　　　　　　　　　　表 1-8

序号	工作程序	作 业 内 容	质 量 要 求
1	准备工作	①着装整洁,佩戴服务证章,签到上班; ②参加班前会,接受任务; ③准备好零钱、戳、印、算盘、记录单和满员牌等用具; ④挂服务牌、旅客意见簿、记录本等,按时开窗售票	准备充分,开窗及时
2	领票	①领取客票; ②核对票据、账目	票账相符,手续齐全
3	收款售票	①做好流动窗口售票、预售票工作; ②售票时必须做到"一会、二清、三问、四唱、五不、六快",给错购站点、车次的旅客换票; ③及时、准确地填写售票记录单	文明售票,礼貌待客;快速准确,票款相符
4	互通情况	①客满、改线、停发时及时发出公告; ②及时向值班站长汇报客流流向、流量、流时变化情况,必要时提出增开班次的请求; ③准备当次班车的售票记录单,并交给检票员	公告及时,信息准确;售票记录,及时转交

项目一 礼仪与客运服务岗位规范

续上表

序号	工作程序	作业内容	质量要求
5	办理退票	①办理退票,按规定核收退票费,退还票款; ②办理签证、改乘手续	严格手续,符合规定; 耐心解释,顾客满意
6	结账缴款	①抄录票号; ②填写售票日报表; ③清点客票; ④交款	填写认真,不草不漏; 清点准确,上交及时
7	下班前	①锁好票箱、票柜、金柜、抽屉,关好门窗; ②搞好室内卫生; ③参加班后会,总结当日工作	锁好票柜,保障安全; 搞好卫生,认真总结

⑥行包服务员工作程序。行包服务员工作程序及作业内容如表1-9所示。

行包服务员工作程序　　　　　　　　　　　　　表1-9

序号	工作程序	作业内容	质量要求
1	准备工作	①着装整洁,佩戴服务证章,签到上班; ②准备好票据、货签、磅秤、量具、零钱、计算用具、行包改装工具等,检查行包搬运和装卸机械设备良好情况; ③参加班前会,掌握当日车次、时间和线路变更等情况	掌握情况,及时准确; 准备工作,充分扎实
2	检查行包	①核对车票的车次、时间、到站; ②查看行包的性质、类别; ③检查行包内是否有易燃、易爆、有毒等禁运物品; ④检验行包的包装情况、体积大小等	严格手续,认真检查; 耐心解释,确保安全
3	计量收费	①过磅计量; ②计费开票; ③交付凭证; ④做好行包承托记录工作,挂贴标签	过磅计费,迅速准确; 票签记载,全面清楚
4	分线存放	按线路、车次分别存放	标签朝外,堆放整齐; 上轻下重,上圆下方
5	装车准备	①检查行包、标签、票号、件数、到站是否与记录相符; ②检查标签是否挂贴牢固; ③做好行包出库记录工作	行包数量,查点清楚; 标签挂贴,明显牢固
6	装车交付	①把当次班车行包及时送到发车站台装车; ②装车时按行包到站,先远后近,大包放外,小件放中,上轻下重,顺序摆放,捆扎牢固,苫盖严密; ③让旅客与行包见面,核对装车件数; ④与乘务员或驾驶人办理交接手续	及时装卸,合理配装, 封网牢固,交接清楚
7	卸车	①查看车顶篷布、绳索是否松散; ②根据行包清单数据,点件卸车,轻拿轻放,发现差错与污损应做好记录,并请驾乘人员签字; ③整理篷布和绳索,对号点件入库	认真核对,轻卸轻放; 收付清楚,入库及时

续上表

序号	工作程序	作业内容	质量要求
8	保管交付	①凭票对号发货,在行包提取单据上加盖"已领"印章; ②对无人领取的行包要妥善保管,对超过保管期的行包按规定收取保管费; ③整理行包交接清单与提货单,做好行包托运质量记录	交付清楚,不出差错; 收费合理,记录完备
9	下班前	①清理当班行包件数、金额,填写行包日报表; ②结账交款,做好交接工作; ③清扫本区卫生; ④参加班后会,总结当日工作	清结及时,记录完整; 整洁卫生,交接认真

⑦小件寄存服务员工作程序。小件寄存服务员工作程序及作业内容如表1-10所示。

小件寄存服务员工作程序　　　　　　表1-10

序号	工作程序	作业内容	质量要求
1	准备工作	①着装整洁,佩戴服务证章,签到上班; ②参加班前会,接受任务; ③做好票据、算盘、印记、账牌、钱款等准备工作; ④整理货架,核对寄存物品	正点开窗,准备充分
2	检查收货	①寄存登记; ②热情接待旅客,对寄存物品逐件检查; ③杜绝易燃、易爆、易腐烂、有毒物品寄存	文明服务,认真检验
3	填签计费	①按规定项目填写寄存标签; ②按规定收费,当面点清钱票,付给收据,交代清楚	寄存标签,填写清楚; 计价合理,票款相符
4	挂贴票签	①将寄存牌或寄存标签挂贴在寄存物品上; ②将提取牌递交旅客,作为提取凭证	挂贴牢固,准确无误
5	存放物品	寄存物品摆放整齐,轻拿轻放,上轻下重,系好寄存牌	摆放整齐,轻拿轻放; 保质保量,完好无损
6	验证付货	①核对提取证件和寄存登记,无误后付货; ②如寄存凭证丢失,凭本人身份证,写清提取货单后方可付货; ③超时寄存,按规定补收保管费	无自取,无错付; 无多付,无漏付
7	下班前	①做好寄存物品的质量、数量、库存等登记或交接工作; ②日清日结、账、票、款相符; ③整理备用品,货件摆放整齐,关好门窗; ④做好交接班工作; ⑤参加班后会,总结当日工作	结账及时,记录完整; 物品整洁,环境优美

⑧候车室服务员工作程序。候车室服务员工作程序及作业内容如表1-11所示。

候车室服务员工作程序　　　　　　表1-11

序号	工作程序	作业内容	质量要求
1	准备工作	①服装整洁,佩戴服务证章,签到上班; ②参加班前会,掌握当日车次、时间和线路变化等情况; ③检查售票大厅、候车大厅卫生情况; ④准备好服务台内的各种服务用品	仪容端正,证章齐全; 行动统一,准备充分

项目一 礼仪与客运服务岗位规范

续上表

序号	工作程序	作业内容	质量要求
2	整理设施	①准备好旅客饮水,挂好旅客意见簿; ②整理座椅、卫生箱、痰盂等; ③核对时钟,挂好日历牌; ④准备、整理旅行食品	各类设施,摆放整齐
3	候车室服务	①回答问询,解决困难,服务在旅客之中; ②维护候车室秩序,为旅客排忧解难; ③引导旅客按车次区域、按号候车,照顾好重点旅客; ④督促旅客办理行包托运、购买儿童票; ⑤协助公安值勤人员进行"三品"检查; ⑥宣传旅行安全、卫生常识,介绍站内服务项目; ⑦广泛听取旅客意见,改善服务态度,提高服务质量	热心服务,严格检查; 确保安全,顾客满意
4	协助检票	①组织旅客按号排队检票,维护检票秩序; ②检查漏办行包和儿童票; ③监督有无"三品"夹带上车	维护秩序,照顾重点; 礼貌待客,笑脸相迎
5	下班前	①填好规定的记录,全面清扫候车室卫生; ②检查各项服务设施、设备是否齐全有效; ③收集旅客意见和建议; ④参加班后会,总结当日工作	设施完整,记录准确; 卫生清洁,交接认真

⑨安检员工作程序。安检员工作程序及作业内容如表1-12所示。

公安值勤服务员工作程序　　　　　表1-12

序号	工作程序	作业内容	质量要求
1	准备工作	①警容风纪整洁,佩戴武装带、袖标,签到上班; ②参加班前会,接受任务; ③准备好检查仪器、记录本等	警容整洁,器械齐全
2	维护秩序	①组织旅客排队购票,维护购票秩序,注意可疑人员; ②组织旅客排队检票上车,维护检票上车秩序; ③上车清点乘客人数,做好稽查无票或持废票的乘客的工作; ④维护发车站台、场地秩序,禁止闲杂人员入内	维护秩序,做好稽查
3	检查三品	①对进站旅客及其所带行包物品进行检查,严禁"三品"进站上车; ②对查出的"三品"及时妥善处理,做好记录	检查认真,严查"三品"; 处理妥善,记录齐全
4	站内巡视	①经常在车站内巡视,提醒旅客保管好随身携带的钱物; ②及时查处在车站内作案的不法分子,严厉打击各种犯罪活动; ③劝阻并调解旅客之间发生的纠纷,维护好车站秩序; ④及时公布失物招领启事,办理失物招领; ⑤主动热情帮助旅客解决疑难问题,征求旅客意见; ⑥检查站内各种安全设施,注意防火、防盗,做好内保工作	检查巡视,秩序井然; 服务热情,做好内保

续上表

序号	工作程序	作业内容	质量要求
5	下班前	①对查获的禁运品认真登记,妥善保管,按规定上交或处理; ②填写执勤记录和其他记录,向分管领导汇报车站治安情况; ③清扫本区卫生; ④参加班后会,总结当日工作	记录齐全,及时汇报; 卫生清洁,交接认真

⑩广播服务员工作程序。广播服务员工作程序及作业内容如表1-13所示。

广播服务员工作程序　　　　　　　表1-13

序号	工作程序	作业内容	质量要求
1	准备工作	①着装整洁,佩戴服务证章,签到上班; ②参加班前会,掌握当日车次、时间和线路变更等情况; ③检查广播器材是否完好,线路是否通畅; ④准备唱片、录音带和广播词; ⑤根据形势和客流变化情况编写宣传词; ⑥做好广播前的其他准备工作	广播用语,标准规范; 广播器材,齐全有效
2	广播宣传	①广播本站的发出车次时间,宣传乘车常识,介绍站内的服务项目、服务设施及有关《客规》的规定等; ②介绍购买全、半、免、伤残军人票和乘车规定; ③宣传行包托运办法、禁运品规定、车站的卫生制度等; ④预报班车检票,提醒旅客按时上车	广播及时,用语标准; 语言流畅,通俗易懂
3	指挥发车	①指挥站、乘人员做好发车前的准备工作; ②广播班车去向、开车时间、途经站点和安全乘车常识; ③播放欢送曲,指挥驾驶人正点发车	广播及时,指挥果断; 配合得当,准确无误
4	广播接车	①广播进站班车,通知验票、装卸人员接车、卸行包; ②介绍行包提取办法与出站线路; ③提醒旅客注意随身携带的物品,疏导旅客转乘或出站	广播准确,语言标准
5	广播服务	①为旅客广播找人、失物招领; ②广告宣传; ③广播车辆晚点、线路通阻及车次变更通知; ④转播新闻和文艺节目,配音选播介绍当地名胜古迹等	服务热情,内容丰富; 气氛活跃,轻松愉快
6	下班前	①打扫室内卫生,整理器材、用具,做好交接班记录; ②参加班后会,认真总结当日工作	整理器材,搞好卫生,交接清楚

⑪检票服务员工作程序。检票服务员工作程序及作业内容如表1-14所示。

检票服务员工作程序　　　　　　　表1-14

序号	工作程序	作业内容	质量要求
1	准备工作	①着装整洁,佩戴服务证章,签到上班; ②参加班前会,掌握当日车次、时间和线路变化等情况; ③检查客车到位情况,协助车场管理员清车清场; ④准备好检票用具	掌握情况,及时准确; 准备工作,充分扎实

项目一 礼仪与客运服务岗位规范

续上表

序号	工作程序	作业内容	质量要求
2	安排候车	①公布车次消息； ②挂好候车区域车次牌； ③引导旅客按车次划分的区域有秩序地候车； ④维持检票秩序，催办行包托运和购买儿童票等	热情服务，秩序良好
3	引导排队	①开车前15min，开门站立，用标准检票用语宣讲乘车安全常识和本次班车终到站及沿途停靠站点； ②引导旅客排队检票； ③对老、弱、病、残、幼等旅客优先照顾上车； ④查看客车线路牌，领取售票记录单、行包托运通知单	宣讲清晰，服务周到； 排队整齐，井然有序
4	检票	①向旅客介绍本次班车的终到站和途经主要站点； ②查验车票，做"三看、一唱、四不检"； ③协助检查行包是否超重，是否有禁运品； ④做好检票记录	检查仔细，态度和蔼； 动作迅速，记录准确
5	下班前	①做好当班工作记录和交接班工作； ②清扫本区卫生，换挂日历及次日班车方向牌； ③参加班后会，总结当日工作	记录完备，交接认真，整洁卫生

⑫出站验票服务员工作程序。出站验票服务员工作程序及作业内容如表1-15所示。

出站验票服务员工作程序　　　　　　　　　　　表1-15

序号	工作程序	作业内容	质量要求
1	准备工作	①着装整洁，佩戴服务证章，签到上班； ②参加班前会，掌握当日车次、时间和线路变化等情况； ③准备验票工具	用具齐全，情况熟悉
2	发车稽查	①查检行车路单； ②上车清点乘客人数，做好稽查无票乘客和出售废票工作	查验认真，处理果断
3	接车验票	①公布到达班车的始发站、班次及到站时间； ②引导到达班车驶入到达车位； ③查验出站旅客的车票，对无票、持废票、乘超站车的旅客补票罚款，为超重行包和超高儿童补票	公布及时，引导正确； 查处严格，罚款合理
4	解答问询	①耐心回答旅客的问询； ②帮助老、弱、病、残、幼等旅客出站	解答问询，耐心准确； 照顾重点，笑脸相迎
5	宣传介绍	①宣传车站的服务设施与服务项目； ②向旅客介绍市内交通情况； ③向旅客介绍饭店、旅社、旅游景点	宣传及时，介绍清晰
6	下班前	①填写验票、到达班车日志等记录； ②上交票款，认真交接班； ③清扫本区卫生； ④参加班后会，总结当日工作	交款及时，记录准确； 搞好卫生，交接仔细

⑬车辆调度员工作程序。车辆调度员工作程序及作业内容如表1-16所示。

车辆调度员工作程序 表1-16

序号	工作程序	作业内容	质量要求
1	准备工作	①着装整洁,佩戴服务证章,签到上班; ②翻阅交接班记录,了解本班次事务及班次的变化; ③接通微机电源,按下主机和显示器开关,输入密码进入工作状态	细心阅读,掌握情况; 启动微机,遵守规程
2	调度管理	①审查路单是否项目齐全有效,若使用无效路单予以退回并罚款; ②经过审查转入班报班管理,输入班次代码,调出相应班次,查阅班次状况说明,若无标注,可以下达售票指令; ③征收欠班费和早班费,对违纪车辆提示处罚	认真检查,以防出错; 统计准确,收费合理
3	微机使用	①每天用清洁的柔软湿润的抹布清除微机外露设备灰尘油污; ②发现故障立即报微机管理员; ③严格按操作程序开、关机,确保微机寿命	天天清扫,保持洁净; 严格遵守操作规程
4	信息管理	①对收到的上级信息要及时记录在交接班记录上; ②电话报告、修车、检车等一系列的信息,除记录在日记上外,还要及时输入微机	收到信息,及时记录
5	下班前	①处理全天的发车记录; ②生成第五天的报班班次库; ③清扫机房卫生和微机卫生; ④以开机的反程序关闭微机,切断电源	该发班次,一个不漏; 保持清洁,天天清扫

⑭车场管理员工作程序。车场管理员工作程序及作业内容如表1-17所示。

车场管理员工作程序 表1-17

序号	工作程序	作业内容	质量要求
1	准备工作	①着装整洁,佩戴服务证章,签到上班; ②参加班前会,掌握当日车次、时间和线路变化等情况; ③准备好指挥用具、旗、笛等; ④清扫车场卫生	车场环境,干净整洁; 指挥用具,齐全有效
2	指挥进场车辆	①指挥进场车辆按发车顺序停放在指定位置; ②检查车容、车况; ③督促驾乘人员做好出车前例检工作	车辆卫生,车容整洁; 停放整齐,车况达标
3	场内调车	①督促待发车辆做好出车前的准备工作; ②按照车辆运行计划,指挥客车进入指定发车位置	待发班车,准备完好; 指挥得当,准确无误
4	指挥发送车辆	①观察发车区周围情况,疏通行车道; ②发车铃响后,催促车辆按顺序发出	车道畅通,正点率高
5	指挥到达车辆	①指挥进站车辆进入指定车位; ②帮助老、弱、病、幼等旅客下车; ③指挥车辆及时离开到达车位,停放到车场指定车位	指挥果断,热情帮助; 停车场内,井然有序
6	下班前	①填写车场停、发车记录; ②清扫本区卫生; ③认真交接班; ④参加班后会,总结当日工作	整洁卫生,环境优美; 记录完整,交接认真

2)客运服务质量标准化

(1)服务设施标准体系。客运站服务设施是指汽车客运站从事旅客运输活动所需要的各种建筑物、技术设备和各类标志,如房屋设施、候车室设施、托运装卸设施等。客运站服务设施标准体系主要包括售票设施标准、候车设施标准、问事设施标准、行包托取设施标准、停车场设施标准和其他设施标准。

①售票设施标准。售票厅要有相应的面积、窗口和售票厅标志。售票厅面积的标准为 $(20.0m^2/窗口+4.0m^2/窗口)\times$ 售票窗口 $+15m^2$;售票厅标志包括里程票价表,班次时刻表,火车、轮船、飞机时刻表,营运线路图,售票窗口告示牌,日历牌,时钟,禁运、限运物品宣传图,公告牌,小件寄存须知,行包托运须知,旅客意见簿等设施。各项设施必须项目齐全,悬挂醒目,字迹清楚,画面美观,布置合理。

②候车设施标准。候车厅要有相应的面积,标准为 $1.0m^2/人\times$ 旅客最高聚集人数。候车厅要配置广播室、小卖部、服务台、厕所、旅客洗漱室、冷暖设施、座椅、失物招领处、邮政信箱、重点候车室(婴儿床)、小件寄存处、饮水处(饮水用具)、卫生箱、卫生用品、时钟、候车厅标志等设施。各类设施要求项目齐全,设备完好,整洁卫生,符合规定。候车厅标志主要有:车次牌、旅客乘车须知、安全宣传牌、候车区域牌、旅客意见牌、旅客留言牌、公告栏、市区交通图、导游图、禁限运物品宣传图。要求标志齐全,悬挂醒目,字迹清楚,画面美观,布置合理。

③问事设施标准。问事处面积一般为 $8\sim 10m^2$,要配置公用电话、公告牌、问事处标志等设施,要求项目齐全,设施完好,整洁卫生。问事处标志主要有:公共汽车线路图、重要机关位置图、名胜风景点分布图、意见簿等。要求标志齐全,悬挂醒目,字迹清楚,布置合理。

④行包托运设施标准。行包托运处面积标准为 $40m^2/托运单元\times 托运单元数+0.5m^2/件\times 旅客最高聚集人数\times 0.2件/人次+15m^2$,设施主要有库房、衡量器、消防器材、行包架、装卸工具、传送设备、包装设备、包装用具、行包平台、托运处标志等。要求设备齐全,性能完好,整洁卫生。托运处标志主要有:行包托运须知、行包里程价目表、意见簿。要求标志齐全,悬挂醒目,字迹清楚。

⑤停车场设施标准。停车场面积为 $18\times$ 客车投影面积 $\times$ 发车位数,设施主要有停车场标志、洗车台、检验台、维修车间、消防器材、垃圾箱及卫生工具等。要求设备齐全,性能完好,整洁卫生。停车场标志包括限速牌、进出站标志、停车位标志、发车位标志等,要求标志齐全,悬挂醒目,字迹清楚。

(2)服务环境标准体系。服务环境标准体系包括站容、车容和仪容三方面的内容。

①站容。

站前净化、美化、绿化。要求卫生良好,设施美观大方,树木花卉种植安排合理。

站内整洁明快。要求无垃圾、无杂草、无污水、无痰迹,通风、照明良好。

室内干净卫生。要求门窗玻璃净、墙壁地面净、桌凳座椅净、各种设施净,空气清新无异味。

车场净化、美化、绿化。要求卫生良好,车辆停放有序、整齐,树木花卉种植安排合理。

②车容。

车辆装备齐全完好。要求座椅干净完好,车身漆皮完好,玻璃门窗完好,网绳齐备,行李架完好。

车容清洁。要求内壁、外表洁净,座椅净,机器仪表净,地板、车顶、行李架干净。

③仪容。客运服务员仪表端庄。要求佩戴标志,衣帽整洁,修饰得体,精神饱满。

3)服务工作标准体系

服务工作标准体系包括服务宗旨、服务态度、服务语言、服务技术、服务项目和服务过程。

(1)服务宗旨

车站的服务宗旨是旅客、车辆、经营者至上,服务第一。要求全体工作人员服务宗旨明确,服务意识浓厚。

(2)服务态度

①服务衷情:真挚热情,亲切诚恳,和蔼礼貌,耐心细致。做到接待旅客诚心,解答询问耐心,帮助旅客热心,照顾旅客细心,接受意见虚心。

②服务举止:姿态端庄,主动周到,举止文雅,谈吐得体,做到"四声""四不要"。"四声"即对旅客要有招呼声、介绍声、解答声、送别声,"四不要"即不要边走边答话,不要背手、叉腰、跷腿、摇头、乱比划,不要叼着烟、吃零食来答话,不要聚众嬉笑。

(3)服务语言

工作人员对旅客要语音纯正,用词得当,语气温和,语言规范,使用"十字"文明用语,即"请、您好、谢谢、对不起、再见"。做到"六不讲",即不讲低级庸俗口头语,不讲生硬唐突语,不讲讽刺挖苦语,不讲有损旅客人格语,不讲伤害旅客自尊心语,不讲欺骗糊弄语。

(4)服务技术

①掌握服务人员业务知识,应知、应会、应备知识考核成绩在良好以上。

②掌握服务人员操作技巧。操作熟练、准确、迅速、美观。运费结算率95%以上,运费结算差错率5‰以下,售票差错率5‰以下。

(5)服务项目

①站内服务项目齐全,设有迎门服务,问事服务,广播服务,始发售票,中转签证,小件寄存,行包托、取、中转,候车服务,检票、验票,组织上下车,商业、饮食、订票、医疗、通信服务。

②运输途中服务项目齐全,设有途中指南,上下车验票、售票,行包装卸、交付,生活服务等。

(6)服务过程

①安全:要求事故频率0.025次/万公里以下,事故损失率1.5元/千公里以下,行包赔偿率5‰以下,旅客安全运送率99.9%以上。

②及时:要求客运正班率99.9%以上,发车正点率98%以上,旅客正运率99%以上,行包正运率99.9%以上,运送速度35km/h以上。

③方便:旅客排队购票时间少于15min。

④舒适:始发车座位利用率不超过100%,座椅空间不少于1.2m,进站客车整洁率99%以上。

⑤优质:旅客满意率95%以上,优质服务率80%以上,旅客意见处理率98%以上。

课题三　客运驾乘人员服务规范

一、道路客运车队的概念

道路客运车队是指从事道路旅客班线运输或旅游客运的独立核算的生产经营单位。

客运车队利用客车运送旅客,为社会公众提供服务,具有商业性质,具体承担一定线路、班次的旅客运输。车队根据承运班次、路线,制订客运计划,将运输任务和安全责任落实到客运驾驶人。驾驶人完成的运量指标、安全指标、燃料消耗情况作为驾驶人考核指标。

二、道路客运车队的类型

在我国现阶段,客运车队的体制比较复杂,有的隶属于汽车运输企业,称客车队或分公司;有的则是独立存在于道路运输市场且有法人资格。

(一)改革开放初期,为了计划、统计和管理上的需要,客运车队可按不同的标准予以分类

1. 按所有制性质分类

按车队的所有制性质不同,可分为全民所有制车队、集体所有制车队、个体所有制车队等。

2. 按生产规模分类

按车队的生产规模不同,可分为大、中、小型车队三类。一般100辆车以上为大型车队,50~100辆车为中型车队,50辆车以下为小型车队。

3. 按营运与保修的关系分类

按车队营运与保修关系不同,可分为单纯营运车队和综合营运车队。

(1)单纯营运车队。车辆的维护、大修理生产作业,由专业厂完成,车队只承担车辆运行性修理和一、二级维护作业,从而使车队集中力量于运输生产。

(2)综合营运车队。这种车队将各级保修作业列入车队管理之内。这种车队一般规模大,有足够的作业场地、厂房,有较全的保修机具、设备和技术较成熟的修理工队伍。

4. 按车队和车站的关系分类

按车队营运和客运站的关系不同,可分为站队合一型车队和站队分离型车队。站队合一型车队和客运站经营管理为同一核算单位。随着企业站对外开放,这种站队合一的体制越来越少。

5. 按生产经营的独立程度分类

按生产经营的独立程度不同,可分为企业型车队和生产型车队。

(1)企业型车队。这是在企业改革过程中产生并在管理上不断得到完善的车队。企业型车队在经营管理上有较大的自主权,一般是独立核算,自负盈亏,也有利润承包、经营自主的。在当前运输市场的激烈竞争中,企业型车队便于树立自己明确的经营思想,从而形成一

套成熟的、能适应市场变化的经营方针和策略。在车队内部管理机构的设置上它重视与外部的联系,以确保企业时刻面向市场。这种类型的车队,以从事普通班线客运的公有制运输企业居多。

(2)生产型车队。这种车队主要依靠公司下达的生产计划组织生产,各项基金的管理与使用完全由公司掌握,车队只是执行上级下达的生产计划,服从公司的统一运营调度。

(二)随着经济体制改革的深化和企业产权制度的改革,按经济所有制性质分类,已越来越不适应多元化的道路客运市场主体的要求。从市场存在主体的现状看,除按上述所有制性质分类外还可按以下类型分类

1. 股份制

近几年,随着高速公路客运发展和企业在市场中兼并重组,车队企业逐步走上集约化、规模化经营,企业产权由几个或多个股东所有,组成股份制企业。

2. 租赁经营型

车辆产权关系不变,通过承包或租赁,由个人独立经营。这种类型,大至一个车队或公司,小至每一部单车,均有租赁或承包的模式。

3. 联合体型

车辆产权关系不变,几个或多个自然人组成联合体,实行合作经营,推举队长和管理人员,管理内部的经营事务。

4. 融资挂靠型

由于企业历史的包袱,无发展力量,但本身有企业品牌和线路的无形资产,所以,吸收社会或内部职工出资购车,在企业的名下经营。

5. 挂靠代理型

个体业户有车有线路,为了求得某些服务,挂在企业(车队)的名下,而企业为其代理一些事务。

三、客运驾驶人条件、从业资格及从业行为管理

客运驾驶人是客运企业的第一生产力,其素质高低直接影响运输的质量、安全,最终影响到车队乃至公司的经济效益,所以道路客运行业对客运驾驶人有较高的要求。交通运输部令2016年第52号令对经营性道路旅客运输驾驶人提出了明确的要求,每个从事经营性道路旅客运输活动的,均必须自觉遵守。

(一)经营性道路旅客运输驾驶人应符合条件

经营性道路旅客运输驾驶人应当同时具备以下五项条件,缺一不可,否则不能从事经营性道路旅客运输:

(1)取得相应的机动车驾驶证1年以上。
(2)年龄不超过60周岁。
(3)3年内无重大以上交通责任事故。
(4)掌握道路旅客运输法律法规、机动车维修和旅客急救基本知识经营。

(5)经考试合格,取得相应的从业资格证件。

(二)从业资格考试申请

申请参加经营性道路客货运输驾驶人从业资格考试的人员,应当向其户籍地或者暂住地设区的市级道路运输管理机构提出申请,填写《经营性道路客货运输驾驶员从业资格考试申请表》,并提供下列材料:

(1)身份证明及复印件。
(2)机动车驾驶证及复印件。
(3)申请参加道路旅客运输驾驶人从业资格考试的,还应提供道路交通安全主管部门出具的3年内无重大以上交通责任事故记录证明。

(三)异地从业规定

经营性道路客货运输驾驶人应当在从业资格证件许可的范围内从事道路运输活动,在发证机关所在地以外从业,且从业时间超过3个月的,应当到服务地管理部门备案。

(四)从业行为管理

(1)在从事道路运输活动时,应当携带相应的从业资格证件,并应当遵守国家相关法规和道路运输安全操作规程,不得违法经营、违章作业。
(2)按照规定参加国家相关法规、职业道德及业务知识培训。
(3)不得超限、超载运输,连续驾驶时间不得超过4h。
(4)按照规定填写行车日志。
(5)采取必要措施保证旅客的人身和财产安全,发生紧急情况时,应当积极进行救护。

(五)违反从业资格制度的处罚

(1)有"未取得相应从业资格证件,驾驶道路客货运输车辆的;使用失效、伪造、变造的从业资格证件,驾驶道路客货运输车辆的;超越从业资格证件核定范围,驾驶道路客货运输车辆的。"行为之一的,由县级以上道路运输管理机构责令改正,处200元以上2000元以下的罚款,构成犯罪的,依法追究刑事责任。
(2)有下列不具备安全条件情形之一的,由发证机关吊销其从业资格证件:
①身体健康状况不符合有关机动车驾驶和相关从业要求且没有主动申请注销从业资格的。
②经营性道路客货运输驾驶人发生重大以上交通事故,且负主要责任的。
③发现重大事故隐患,不立即采取消除措施,继续作业的。
被吊销的从业资格证件应当由发证机关公告作废并登记归档。

(六)从业资格证件的注销

经营性道路客货运输驾驶人有下列情形之一的,由发证机关注销其从业资格证件:
(1)持证人死亡的。

(2)持证人申请注销的。
(3)年龄超过60周岁的。
(4)机动车驾驶证被注销或者被吊销的。
(5)超过从业资格证件有效期180日未申请换证的。

凡被注销的从业资格证件,应当由发证机关予以收回,公告作废并登记归档;无法收回的,从业资格证件自行作废。

四、客车驾驶人的工作要求

(一)工作标准

1. 热爱本职,忠于职守

热爱本职,忠于职守,是社会主义职业道德的前提。每个驾驶人只有充分认识自身工作的社会意义,热爱本职工作,才能处处以主人翁的姿态对待工作,在一言一行中体现出对本职工作的荣誉感和责任感,在营运生产中发挥出自己的才干,工作中刻苦钻研,兢兢业业,为道路客运事业的发展贡献自己的力量。

2. 优质服务,安全行车

道路客运的直接服务对象是不同的乘客,为乘客提供优质服务,确保行车安全,是客车驾驶人的一条主要职业道德和服务内容,同时也是道路客运行业赖以生存和发展的保证。道路客运服务质量由"方便、准点、安全、舒适、及时"等要求组成。必须坚持"乘客至上"的宗旨,在日常营运中要多为乘客着想,在确保安全的前提下,充分满足乘客的用车要求。客车驾驶人提供优质服务一般应从以下几个方面体现:

(1)安全驾驶,确保行车安全。确保行车安全是交通行业首要的服务质量。行车安全不但关系着对乘客的服务质量和行业信誉,而且关系着乘客的生命财产安全;只有确保安全,才能取得良好的经济效益。保障行车安全,是指在服务过程中,不会由于车辆故障、服务过失、外界因素而造成乘客和财产的损失。这要求驾驶人要保证车辆的技术性能良好,对乘客有高度的责任心,让乘客有安全感。

(2)态度和蔼,语言文明。和颜悦色、热情接待是服务态度好的标志。驾驶人应以热情的态度接待每位旅客,使乘客来到车厢,有一种宾至如归的感觉。文明的语言,是处理好驾驶人与乘客关系的桥梁。要学会讲普通话,使用规范的语言,注意礼貌称呼,语言要委婉、贴切、得体。

(3)照顾特殊乘客,急人所急。在营运过程中,经常会有特殊的服务对象需要特殊照顾,如"老、弱、病、残、孕"等。对这些旅客,必须给予关心和体贴。对路上出现的其他特殊人员,如车祸伤员、病危人员等,驾驶人要充分体现救死扶伤的人道主义精神,这也是更好地体现汽车驾驶人良好职业道德的具体表现。

(4)拾金不昧,物归原主。

3. 遵纪守法,服从管理

遵纪守法,服从管理,是每个驾驶人应尽的义务和职责。客运行业工作环境特殊,管理部门不可能每时每刻直接监督驾驶人,因此,更需要强调自觉遵纪守法。驾驶人不仅要执行企业内部的各项规章制度和营运服务纪律,还要自觉遵守有关的客运规章、法规制度和交通法规等,并随时准备与其他违法犯罪行为做斗争。

客运管理人员对营运活动实施监督检查,是执行国家有关政策法令,驾驶人应服从管理,听从指挥,共同维护客运市场的正常秩序。

4. 合法经营,公平竞争

随着运输市场的放开,运输市场出现了繁荣的景象,但随之而来的各方面的利益分配矛盾也十分突出。这就需要广大的经营者,特别是个体经营者,经常学习道路运输的有关法规、政策,树立良好的经营思想,坚持合法经营、公平竞争,反对相互排挤、画地为牢的不正当竞争。要团结协作,提倡合作经营和联合经营,靠服务能力与水平的进步来提升经营效益。严禁非法经营,反对唯利是图的不正当竞争。

5. 钻研技术,熟悉业务

钻研技术、熟悉业务是保证优质服务的重要条件。根据行业特点,客运驾驶人应掌握以下几个方面的技术和知识:

(1)熟练掌握驾驶操作技术,具有基本的维修技术。

(2)熟悉收费标准。

(3)熟悉交通地理,提高行车效率。

(4)学习心理学常识,掌握服务技巧。

(5)提高文化水平,改善知识结构。

6. 仪表端正,车容整洁

仪表端正、车容整洁是文明服务的体现。客运驾驶人的仪表,不仅体现了一个人的文化素养,而且还反映了整个行业的群体风貌,对外影响广,因此显得尤为重要。车容整洁除了要求保持车况完好外,还包括其他服务设施的齐全、清洁、完好、有效。

7. 树立社会主义新风尚,克服拜金主义思想

随着社会主义市场经济的不断发展,社会环境的许多方面有较大的改变,这给运输行业带来了许多发展因素,使道路客运市场呈现了前所未有的繁荣景象。但由于许多从业人员思想上对新的社会环境没有正确的认识和理解,出现了不少有悖于社会主义道德的现象,缺乏最起码的职业道德,对此,我们更应该强调树立良好的服务新风尚。因此,加强从业人员的职业道德教育,端正职业行为,是目前一项十分迫切的任务,也是克服行业不正之风的主要手段之一。树立良好的社会主义精神风貌,培养"四有"职工队伍,树立良好的行业新风尚,克服拜金主义思想,也是社会主义市场经济健康发展的需要。

(二)工作规范

(1)自觉学习政治理论,不断提高思想政治素质;加强车辆驾驶、维护及交通法规知识的学习,努力提高业务素质和岗位技能。

(2)语言谦虚得体,衣着干净整洁,举止文明庄重,精神饱满充沛。

(3)服从领导,听从指挥,不擅自离岗、脱岗,保证领导工作用车。

(4)爱护车辆,注意节约,及时保养,卫生清洁。

(5)遵章驾驶,严禁酒后驾车,确保行车安全。

（三）工作程序

1. 遵守报到制度

作为客运车队的重要管理制度——出场、进场报到制度，不仅能反映驾驶人出勤的情况，也便于调度员掌握车队的出勤情况，一旦发现问题便及时调配人力，保证车辆按时出车。客车驾驶人必须要有非常强的时间观念，如果延误了出场报到时间，就有可能导致不能按时出车，整个车队的运行秩序、安全行车受影响。

1）车辆出场

车辆出场是指线路驾驶人从报到开始至车辆到达始发站的过程。客运汽车的正常运营是从人员的出场报到开始，出场报到制度的执行情况，将直接影响到线路的正常运营。因此，每一个驾驶人要严格遵守出场报到制度，确保线路的正常运营。驾驶人出场的车辆操作规程是：

①提前15min到站（场）调度室报到。

②必须随身携带驾驶证、行驶证、随车工具、运营证、服务资格证、准运证和悬挂服务标志。

③认真做好对车辆出场前、进场后的日常维护工作。

④向调度室值班员报告路别、姓名或职号并领取行车路单。

⑤核对行车路单，看清值勤车号、出车时间以及车辆停放区域，根据调度员签注的发车点做好出车准备。

2）车辆进场

车辆进场是指驾驶人完成一天的运营任务后，按调度员指令将车辆驾回本车队，在做好车辆例行维护和报修后离开工作岗位的过程。驾驶人必须认真执行操作规程：

①按照规定的路线、时间（或调度员指令）准时进场，途中不逗留，遇阻不急躁，不盲目开快车。

②车辆进出大门、倒车时车速应控制在5km/h以内，在场内行驶时车速限制在10km/h以内，在场（站）内倒车时需乘务员配合，乘务员的站位应在车辆的左后方或右后方位置并保持一定的安全距离，杜绝在车后指挥。

③收车前加足燃料，按指定位置停放，按照车辆"熄火操作程序"操作，关闭电器开关，关好门窗。

2. 车辆交接班操作规程

车辆交接是指车辆在线路上行驶时，下班驾驶人和上班驾驶人交接车辆的过程。车辆在线路上运行时间，有时时间比较长，需有多名驾驶人通过交接来完成运营任务。如果驾驶人不按规定交接班，便会造成运营秩序的混乱，以致侵害乘客的权益并给企业带来不良影响。因此，驾驶人在交接班时必须做到以下几点：

（1）接班驾驶人应按规定时间、地点提前到达等候接班，不得延误。

（2）交班驾驶人应将车辆技术状况和道路交通状况向接班驾驶人作简要介绍，接班驾驶人应检查车身、路别标志是否完好，轮胎气压、油箱存油是否充足，有无"四漏"现象。

（3）接班驾驶人未能按时接班，交班驾驶人不得停车等候，应当正常运行到终点站，向调度员说明情况,听从调度员安排,不得中途弃车而去。

3. 驾驶操作规程

(1)驾驶车辆时,坐姿端正、两眼平视前方,看远顾近,视线成扇形,双手握稳转向盘,除操纵其他机件外,不能单手操作,不得双手同时离开转向盘。

(2)控制车辆加速踏板时用力要均匀、平稳,做到轻踏缓抬。左脚不能无故长时间搁在离合器踏板上,以免造成离合器摩擦片的磨损。

(3)驾驶车辆时应集中思想,不准吸烟、饮食和闲谈,不准戴耳机收听录音广播,不准打手机,不准赤脚或穿拖鞋驾驶车辆;在行车中严格遵守交通法规,不准故意挤逼、戏弄他人或者用其他方法妨碍他人的交通安全,做到礼貌行车;不准酒后驾车,行车前关好车门。

(4)按行车时刻表的规定时间做到"三正点"(始发站、中途、终点站)。

(5)始发站做到"三提前"(车辆提前进站、提前开门上客、提前为乘客服务);行驶途中不争抢车道、不在站点滞留、逢站必停,不得任意停车上下客,尤其在高速公路上严禁停车上下客。

(6)在行驶中应时刻注意观察各种仪表、指示灯,注意车辆是否存在异响、异味。

(7)行驶中发现有人吊攀门窗或听到乘务员告示后应立即靠边停车。

(8)车辆一旦发现火警,应立即停车挂低速挡,拉紧驻车制动器,切断电源,同时打开车门,组织乘客有序下车,必要时可敲破车窗玻璃让乘客下车,使用车载灭火器灭火,必要时向消防部门求救。

(9)空调车驾驶人应当正确操作车辆空调设施,空调设备发生故障不能正常工作时,应及时报修,修复后方可投入使用。

(四)服务规范

(1)挂牌服务,出车前做好安全检查,带全随身附件,按照规定检票时间提前到位。

(2)服从车站和车队(或公司)的调度指挥,不抢点,不晚点,不缺班,正点通行。开车前核对路单与车上人数是否相符,做好行包、邮件交接工作。

(3)行车中集中精力,谨慎驾驶,注意安全,遵守交通规则;严格执行安全操作规程。行经险桥、渡口、危险地带和加油站时,组织旅客下车;服从公安、运管、稽查人员检查。

(4)行车途中停歇、进餐,无乘务员时,要向旅客宣传停开车时间,开车前核对车上人数,做到不漏客。

(5)无乘务员随车时,途中上客及时在前方站补票;交付行包时,收回行包票;途中发生意外事故,尽快呼救,保护现场。

(6)执行调度命令,不准私自换班,不准私自变更运行路线,不准中途合车、倒客、甩客,班车按规定停靠、进站。

(7)讲究职业道德,文明服务,重点照顾困难旅客,不私收票款。

(五)各类客车驾驶人操作流程及服务规范举要

道路旅客运输主要包括班车客运、旅游客运、包车客运、出租客运四种类型。

1. 班车客运及其特点

(1)班车客运是指营运客车在城乡道路上按照固定的线路、时间、站点、班次运行的一种客运方式,包括直达班车客运和普通班车客运。

加班车客运是班车客运的一种补充形式,在客运班车不能满足需要或者无法正常运营时,临时增加或者调配客车按客运班车的线路、站点运行的方式。

(2)道路班车客运按运行区域可分为五类:

县内班车客运:指运行区域在县级行政区域内的班车客运。

县际班车客运:指运行区域在设区的市辖县与县之间的班车客运。

市际班车客运:指运行区域在本省行政区域内设区的市之间的班车客运。

省际班车客运:指运行区域在我国省与省之间的班车客运。

出入境班车客运:指国与国之间的班车客运。

(3)班车客运的线路根据经营区域和营运线路长度分为以下四种类型:

一类客运班线:地区所在地与地区所在地之间的客运班线或者营运线路长度在800km以上的客运班线。

二类客运班线:地区所在地与县之间的客运班线。

三类客运班线:非毗邻县之间的客运班线。

四类客运班线:毗邻县之间的客运班线或者县境内的客运班线。

(4)班车客运(包括定线旅游客运)经营者应当按照批准的客运站点停靠,按规定的线路、班次行驶,不得站外揽客。

(5)班车客运具有固定线路、固定班次(时间)、固定客运站点和停靠站点等特点。

(6)班车驾驶人操作流程及服务规范详见表1-18。

班车驾驶人操作流程及服务规范　　　　表1-18

序号	操作流程及服务规范
1	提前40min到调度室签到
2	按规定着装,并佩戴好工号牌(证)
3	出车前,应按规定检查车况,检查各种必备证件,确保车辆技术状况良好,设施设备证件齐全有效
4	检查车容车貌、车厢内卫生及服务设施用品等情况,发现问题及时整改。确保设施设备完好,车容车貌整洁
5	发车前做好车辆通风换气工作,根据季节温度提前15min打开空调
6	提前10min进入车位,驾驶人进行班前,主动配合检票员进行"五证一单"审核
7	打开行李舱门,车门处站立迎客,帮助有需要的旅客提放行李,主动服务老弱病残乘客
8	核对快件托运物品,交接签字后,随车携带好交接单
9	整理舱内行李,关闭行李舱门
10	核对检票人数,检查、整理行李架上的行李,确保行李不坠落。做好"五不二确保"的宣传,提醒旅客系好安全带(有语音设备的,可按键播报),并按规定播放安全宣传片
11	发车前系好安全带,关闭车门,根据检票员指挥发车
12	配合门检做好旅客人数核查,并由门检人员在路单上盖章后出站
13	上高速前,再次提醒旅客系好安全带(有语音播放系统的可按键播报),并按键播放宣传片
14	遵章行车,文明行驶,途中做到五不(不抽烟、不吃零食、不聊天、不接打电话、不私自带客带货)

续上表

序号	操作流程及服务规范
15	中途若停歇(靠),需提醒旅客安全下车,请旅客保管好随身携带贵重物品,告知停靠时间(20min以内)及车牌号码(有语音播放系统的可按键播报),并检查车况
16	中途停歇后发车,需核点人数,并再次提醒旅客系好安全带(有语音播放系统的可按键播报)
17	途中车辆抛锚、设施设备故障或路堵晚点、事故等情况,及时报车公司或相关部门,同时做好旅客解释、安抚及事后处理工作
18	到达终点,提醒旅客检查随身携带行李(有语音播放系统的按键播报)
19	打开行李舱门,协助提取行李,做好托运物品的交接工作。待旅客离开后,检查行李舱及车厢,发现有遗留物品的,及时报告公司(无旅客当场认领的,回场后主动上交)
20	回场后及时向值班调度报到,并做好行车日报和交接班记录,整理好随车工具和其他设施
21	做好车辆例检、例保、加油工作,有故障及时报修,做好随车维护工作,无故不得提前离开
22	整理座椅、座(头)套、安全带、窗帘等,监督相关人员做好车辆清洗、清扫,按规定更换座(头)套、窗帘等工作
23	按规定停放车辆,拉好驻车制动操纵手柄,切断电源,关好门窗
24	面对旅客咨询、投诉等,做到首问负责,不能做准确答复的,须提供其他可以获得处理的渠道

2. 包车、旅游客运及其特点

1)包车客运

①包车客运是指以运送团体旅客为目的,将客车包租给用户安排使用,提供驾驶劳务,按照约定的起始地、目的地和路线行驶,按行驶里程或者包用时间计费并统一支付费用的一种客运方式。

②包车客运按照其经营区域分为省际包车客运和省内包车客运,省内包车客运分为市际包车客运、县际包车客运和县内包车客运。

③包车客运(包括非定线旅游客运)经营者应当按照约定的起始地、目的地和线路行驶,不得沿途揽客。

④包车客运与其他客运方式相比具有以下特点:一是,由于包车客运的需求不确定,业务发生随机性强;二是,与班车客运相比,接洽方式、开行线路、开车停车地点、开车停车时间、乘车对象、运费结算方式不同,包车客运不定时间、不定线路;三是,与出租汽车客运相比,在使用车型、要车方式、使用时间、行驶距离等方面不同。

2)旅游客运

①旅游客运是指以运送旅游观光的旅客为目的,在旅游景区内运营或者其线路至少有一端在旅游景区(点)的一种客运方式。

②旅游客运按照营运方式分为定线旅游客运和非定线旅游客运。定线旅游客运按照班车客运管理,非定线旅游客运按照包车客运管理。

③旅游客运和班车客运、包车客运相比具有以下特点:运送的旅客是旅游者;开行线路的起讫地一方必须是旅游区;以观光为主,中途停靠点和时间服从旅游计划的安排;大多数情况是往返包车;车辆作乱性能较高,适宜旅游休闲。

3）包车、旅游驾驶人操作流程及服务规范

包车、旅游（厂班车）驾驶人操作流程及服务规范见表1-19。

包车、旅游（厂班车）驾驶人操作流程及服务规范　　表1-19

序号	操作流程及服务规范
1	按规定着装，并佩戴好工号牌
2	出车前，应按规定检查车况，检查各种必备证件，确保车辆技术状况良好，设施设备证件齐全有效
3	检查车容车貌、车厢内卫生及服务设施用品等情况，发现问题及时整改。确保设施设备完好，车容车貌整洁
4	根据调度任务，核实用车单位、时间、地点、联系电话、人数及特殊要求等情况
5	比客户约定的时间提前至少5~10min到岗或指定地点，需用空调时，提前15min打开空调，保持车厢内温度适宜
6	乘客上车时，应主动打开行李舱门，站立迎接乘客，主动协助乘客装载行李。主动协助老弱病残孕乘客上车
7	乘客上车完毕，关闭行李舱。核对车上人数，检查、整理行李架上的行李，确保行李不坠落。提醒乘客系好安全带（有语音播放系统的可按键播报），驾驶人系好安全带听从导游或领队指令发车
8	上高速前，再次提醒乘客系好安全带（有语音播放系统的可按键播报）
9	遵章行车，文明驾驶，途中做到市区不鸣喇叭、斑马线让行、不抽烟、不吃零食、不聊天、不接打电话、不私自带客带货
10	中途停歇（或就餐）时，应提醒乘客安全下车，保管好随身携带贵重物品，并告知车牌号码。下车完毕后，将车辆停放在安全地点或指定停车场，锁好车门，检查车况
11	在等候乘客时，不得在车内躺卧，不得将脚伸向仪表盘、转向盘等处，不用鸣喇叭催促乘客。根据等候时间提前打开空调、车门，方便乘客上车
12	停歇后发车，需核点人数，并再次提醒乘客系好安全带（有语音播放系统的可按键播报）
13	途中车辆抛锚、设施设备故障或路堵晚点、事故等情况，及时报车公司或相关部门，同时做好乘客解释、安抚及事后处理工作
14	在服务过程中，不准向乘客索取小费、物品等，不得刁难乘客。在外过夜时，应保证充分的休息，严禁饮酒、赌博等影响第二天出车的各种情况发生
15	到达目的地，及时提醒乘客检查随身携带行李（有语音播放系统的可按键播报）。待乘客下车后，开启行李舱门，协助乘客拿取行李，并与乘客道别。待乘客离开后，检查行李舱及车厢，发现有遗留物品的，及时报告公司（无乘客当场认领的，回场后主动上交）
16	打扫车厢卫生，清理垃圾袋，整理座椅、座套、头套、安全带、窗帘，拖扫车内走道，保持车辆整洁。按规定更换座（头）套、窗帘等工作
17	回场后，上交营收款、路单、客户评价表等。做好车辆清洗、例保、检查、保修、加油等工作。有故障及时报修，随车做好维护工作，无故不得提前离开
18	按规定停放车辆，拉好手刹车，切断电源，关好门窗
19	面对乘客咨询、投诉等，做到首问负责，不能做准答复的，须提供其他可以获得处理的渠道

4）其他

近年来，一些客运企业开辟了站站之间的接送业务，如机场巴士等均属此类。对此类服务的驾驶人也制定了相应服务规范（表1-20）。

项目一 礼仪与客运服务岗位规范

站际接送车(机场巴士)驾驶人操作流程及服务规范　　　　表1-20

序号	操作流程及服务规范
1	按规定提前40分钟到岗(签到或打卡)
2	按规定着装,并佩戴好工号牌
3	出车前,应按规定检查车况,检查各种必备证件,确保车辆技术状况良好,设施设备证件齐全有效
4	检查车容车貌、车厢内卫生及服务设施用品等情况,发现问题及时整改。确保设施设备完好,车容车貌整洁
5	领取行车日志,按计划出车
6	发车前做好车辆通风换气工作,需用空调时,提前15分钟打开空调,保持车厢内温度适宜
7	提前进入发车位后,应主动打开行李舱门,主动协助旅客装载行李。主动协助老弱病残孕旅客上车
8	按照票务管理有关规定,督促乘坐站际接送车旅客投币入箱。协助车站做好机场巴士旅客凭票上车,提醒旅客对号入座。始终保持站姿坐姿文明
9	核对快件托运物品,交接签字后,随车携带好交接单
10	整理舱内行李,关闭行李舱门
11	发车前,检查、整理行李架上的行李,确保行李不坠落。提醒旅客系好安全带(有语音播放系统的可按键播报),驾驶人系好安全带发车
12	上高速前,提醒旅客再次系好安全带(有语音播放系统的可按键播报)。遵章行车,文明驾驶,途中做到"五不"(不抽烟、不吃零食、不聊天、不接打电话、不私自带客带货)
13	中途若停靠站点,需提醒旅客安全下车、携带好随身物品(有语音播放系统的可按键播报),并检查车况
14	途中车辆抛锚、设施设备故障或路堵晚点、事故等情况,及时报车公司或相关部门,同时做好旅客解释、安抚及事后处理工作
15	到达终点,提醒旅客检查随身携带行李(有语音播放系统的可按键播报)
16	打开行李舱门,协助提取行李,做好托运物品的交接工作。待乘客离开后,检查行李舱及车厢,发现有遗留物品的,及时报告公司(无乘客当场认领的,回场后主动上交)
17	一天回场后,到调度室签到,翔实填写行车日志,确保次日正常发班。与票箱收取员办理交接手续,缴清当日营收款
18	做好车辆例检、例保、加油工作,有故障及时报修,做好随车维护保养工作,无故不得提前离开
19	整理座椅、座(头)套、安全带、窗帘等,监督相关人员做好车辆清洗、清扫,按规定更换座(头)套、窗帘等工作
20	按规定停放车辆,拉好手刹车,切断电源,关好门窗
21	面对旅客咨询、投诉等,做到首问负责,不能做准确答复的,须提供其他可以获得处理的渠道

五、客车乘务员应具备条件、工作程序及服务要求

(一)乘务工作的意义

1. 乘务员

道路客运经营者为了方便途中上车的旅客在车上购票、托运行包,在多点停靠的线路班车上,配备有专职人员负责随车售票、服务、导游等,这些专职人员统称为乘务员。

2. 乘务员制

乘务员制是客运业务经营管理中一项比较有成效的管理制度。一般在站距短、站点密和新通车的城乡客运线路上，采取乘务员制简捷易行，效果良好，方便旅客，节约开支。因此，随着道路旅客运输业务的蓬勃发展，做好乘务工作，已日益引起客运经营者的重视。进一步提高乘务员工作的管理水平，加强科学研究，使乘务工作内容日趋完善，汽车客车乘务员将与"空姐"、火车上的列车员一样，为创造道路客运精品做出贡献。

3. 乘务工作的重要意义

乘务工作是靠乘务员的辛勤劳动完成的。乘务工作既平凡，又很重要。在旅客乘车旅行过程中，乘务员不但是运输活动的组织者和服务者，而且是运输业务的办理者和乘务工作的管理者，在每年完成的客运量中凝结着他们辛勤工作的汗水。

（二）乘务工作的组织形式

乘务工作是在一定的组织形式下进行的，常见的乘务工作组织形式有以下两种：

1. 定线包乘制

乘务员定线定车包乘，是经营机制转换后最为普遍的工作形式。它以"四定"方式，即定人、定车、定线、定班，在营运区域内相对固定的线路上往返工作。这种形式好处较多，主要是便于乘务员掌握客流情况，有针对性地改进乘务工作。

2. 循环包乘制

这种包乘制是乘务员定车，与驾驶人组成包乘小组，按照客车运行周期表的安排，在营运区域内各条线路上循环工作。它的好处是各乘组工作经济效益大致平衡，减少互相攀比和效益不公的矛盾，便于管理和协调。除定线定车的办法外，循环包乘制是比较好的一种措施。

（三）乘务工作的特点

候车、乘车、下车是旅客乘坐道路客运汽车进行旅行的三个环节。乘务工作是车站服务的继续，主要完成旅客运输过程中的服务。对于城乡短途班车而言，对于旅客乘车时多采取招手上车、就近下车的习惯，一般很少牵涉进、出站的问题，乘务工作贯穿于这些旅客旅行的始终。和整个客运工作中其他服务环节比较，乘务工作是在客车车厢内这样一个小空间完成的，没有固定齐全的服务场所。发售车票、提供服务及行包业务等都由乘务员一人办理，没有众多分工明确的工作人员，这就决定了乘务工作具有下列特点：

1. 流动性强

乘务员需要离开车站，按照客车运输行业计划和乘务机构的安排，在行进的客车上独立工作，有的还要经常变更作业计划和经营线路。

2. 局限性大

客车上空间和服务设施有限，乘务员只能根据实际情况，因车制宜、因时制宜的工作。

3. 情况复杂

一方面，由于旅客来自不同地方，有着不同的旅行目的和要求，身体状况和对乘车适应情况都不同，所以需要乘务员施以不同的关心照顾；另一方面，对于客车运行过程中经常遇到各种各样的问题,有时会出现一些意想不到的特殊情况,如遇到意外伤害、行车事故或道路阻塞,这就要求乘务员必须协同驾驶人迅速、果断地处理。

4. 多工种服务

服务中要进行售票、办理行包、组织旅客上下车、回答问询、安全宣传、保持清洁等工作,还要随时解决旅客的多种要求。因此,乘务员必须掌握多方面的业务知识和服务技能。

5. 工作条件比较艰苦

配有乘务员的班车不少行驶在公路支线或乡村道路,路况较差。乘务员在途中频繁上、下车,在车上走动售票,劳动强度较大。有些班车住宿农村,早进城,晚回村,乘务员与驾驶人多投宿在农村基层单位或乡村旅社,吃、住条件较差。

上述的一些特点,决定了乘务员在完成任务过程中既要主动,又要灵活,而且要与驾驶人紧密配合,相互协作。这是搞好乘务工作的基本保证。

(四)乘务员的工作规范

(1)发车前20min在岗,协助检票员组织旅客上车,帮助旅客对号入座,认真核对人数和行包件数,与检票员办好交接手续。

(2)宣传安全乘车常识,主动热情服务,耐心解答旅客询问,提前报站,防止旅客超站乘车。

(3)行车途中主动离座售票、服务。售票时唱收唱付,做到不偏售、不错售,下车时严格验票,杜绝无票乘车。

(4)上、下车时主动扶老携幼,照顾重点旅客。中途站点旅客提取行包,要认真核对,收回行包票据,负责监装监卸。

(5)模范遵守稽查条例,服从稽查人员检查。

(6)做好卫生宣传,保持车内卫生。班车抵达终点站后打扫车内卫生,关闭车门。

(7)认真填写收报单,做到日清日结,及时报解。

(五)乘务员应具备的条件

乘务员必须具备较高的业务、思想素质,才能塑造良好的企业形象。一般说来,乘务员应具备初中以上文化程度,年龄不宜过大,身体健康,五官端正,无明显残缺,热爱道路客运工作,忠于职守。此外,还应掌握以下应知、应会:

1. 应知

(1)乘务员职业道德规范,即:热情耐心,用语文明;认真检票,及时报站;扶老携幼,方便乘客;遵章守纪,不贪污私分票款。

(2)乘务员服务质量标准的主要内容,即:礼貌待客,服务周到;主动售票,认真验票;车辆整洁,行车安全;工作严肃,结账及时。

(3)车辆整洁标准,即:车皮无污点,玻璃无污痕;外顶无污泥,内壁、座椅无尘土;地板无积土,车门无油泥;座椅洁净无杂物,工具摆放整齐。

(4)熟悉《汽车运价规则》《汽车旅客运输规则》《汽车旅客运输班车客运服务质量标准》和地方客运管理部门的各项规章制度。

2. 应会

(1) 普通话。

(2) 方言、俗语。

(3) 哑语、盲文。

(4) 少数民族及海外朋友的礼节。

(5) 售票和行包办理。

(六) 乘务工作程序

1. 工作前的准备

(1) 根据交通运输部的规定,乘务员要穿着统一的工作服,服饰整洁,并按规定佩戴路徽、服务证等服务标志。

(2) 根据即将执行任务线路上的站点情况,备好车票及有关票据,同时带齐售票工具,如票袋、圆珠笔(或红蓝铅笔)。如果需要轧车票上的到达代号,还应准备好票钳。此外,还要注意带适量的找补零用钱,但要与私人款项分开,以免影响收车后的票款结算。

(3) 将旅客意见簿、监督卡悬挂在车厢内,核对其编号与车号是否相符合,核对车内张贴的票价表。

(4) 携带部分必备的药品,如晕车药、外伤药、纱布等,以备急用。在运距较长、途中吃饭不方便的线路上运行的班车,还可准备一些食品,供旅客购用。如果设置有盛装开水的容器,要加满开水。

(5) 插好班车线路去向牌,以方便旅客乘车,避免误乘。

(6) 检查车厢内清洁卫生及座椅等设备完好状况。

(7) 领取签发的行车路单。行车路单是由调度人员签发的行车命令,乘务员要主动提请调度员签发行车路单,严格执行无行车路单不行车的运输纪律。在始发站行车路单应填写的内容有起点站、中途站和到达站名,运送到各站的旅客人数、行包件数和质量,行包交接记录,开车时刻,驾驶人、乘务员姓名,车次、车号、座位数、日期等。乘务员拿到签发的行车路单后,要认真逐项核对。

2. 始发站服务

(1) 班车在始发站上客,乘务员应到候车室带领旅客检票上车,对号入座。如果有站立旅客(在定员范围内),要提醒他们抓好扶手、拉杆。

(2) 根据本站填写的行车路单,清查实到人数,有未到者,应及时广播、呼叫,防止旅客漏乘、误乘。

(3) 办好行包交接手续并检查行包数量、票号是否和行车路单填写的有关内容相符,掌握行包到达站点。对车内旅客自理行包及随身携带的小件物品,要进行必要的整理,放置妥当,保证安全且不影响旅客通行。

(4) 进行开车前的安全宣传,向旅客介绍注意事项及沿途停靠的站点。

(5) 关好车门,向车站值班站长或发车指挥人员以及本车驾驶人报告出车准备工作,等待发车。

3. 途中服务

(1) 注意旅客动态,主动询问有晕车症状的旅客是否需要晕车药,为需要服药的旅客准备好开水,重点照顾好老、弱、病、残、孕、幼旅客。

(2)开车后及时向旅客预告前方停靠站名,做好前方停靠站上、下车旅客的组织准备工作。

(3)遇到紧急情况时,要果断采取措施,保护旅客生命财产的安全,并主动配合稽查人员做好客运检查工作。

4. 到达中途站服务

(1)即将到达前方站向旅客通报到达站名,请旅客做好下车准备,并进行到站安全宣传。客车停稳后再开启车门,验看车票,交付托运的行包。发现不符合客运规定的情况时,应照章处理,补收票款或运费。如前方站是路边停靠站(招呼站),且无旅客上、下或客车已经满员时,可使用联络信号告知驾驶人继续行驶。班车满员而路边停靠站有旅客候车时,乘务员应摆手示意或挂出明显标志,向候车旅客致歉。

(2)在中途站停靠,乘务员应将行车路单及时交给车站,在中途站需填写的主要内容有:客车到达站及到达时间,上车旅客人数,起讫站点,办理行包件数、质量等,办好后带回车站。客车途中在加油站加油时,为安全起见,要组织旅客下车步行到前方等候。加油时,应主动递交行车路单,加油工将实加数字(汽油、柴油、机油)填写清楚。驾乘人员要检查加油工所填数字是否有误。

(3)在途中停车休息或组织旅客吃饭、住宿时,在旅客下车前要讲清开车时间。开车前要清点人数以防漏乘。客车在行驶途中,如需查票,应在车内查票。

(4)班车途中到站下客完毕后,招呼该站候车旅客上车时,要注意以下问题:

①认真清点上车人数,如发现超载,应组织部分旅客下车候乘下趟班车,以保证安全。

②查看旅客携带行李,如发现危险品、禁运品应及时处理。

③关闭车门,通知驾驶人上车、出发。

④请刚上车的旅客购买车票。

⑤动员旅客为年老体弱者让座。

5. 到达终点站服务

(1)到达终点站前要及时告知旅客并介绍当地主要单位地址、乘车路线、风土人情、名胜古迹及其他交通工具,请旅客做好下车准备并宣传安全注意事项及其他有关事项。

(2)客车停稳后,开启车门,引导旅客下车,指引出站方向。

(3)向有关人员交付行包单据,办理行包交接手续。

(4)送交行车路单,向乘务室汇报途中情况并联系下次出车时间、运行路线、班次等事宜。行车路单在到达站签填的内容有:客车到达时间,客车返回开车时间,载运旅客人数,载运行包件数、质量,行包交接记录,行驶的车公里数及燃、润料等情况。客车行车路单在完成一趟任务(往返班次)后随即收结,作为计算客运各项技术经济指标的原始记录。它也是考核客车运输效率,进行经济核算,作好计划管理的重要依据。

(5)到主管车站票据(财务)室或票据管理员处结算并交纳票款,办好票据领用手续。

(6)收车后及待班时间内要认真搞好车厢内清洁卫生,清洗车辆并检查座椅等设备的完好情况,满足车容规定要求。

(7)检查车内有无旅客遗失的物品,及时处理。

（七）乘务工作的内容

1. 票务工作

发售车票是乘务员一项主要工作，特别是短途班车旅客上下车频繁，车票发售工作量很大。

1）领取车票

为加强票据管理，车站一般均设立票据分库，配备专职或兼职票据员。乘务员可按照有关票据规定，在主管车站凭票据领取单按需领取票据，领取数量按使用量控制在5d左右。

2）发售车票

对途中上车的旅客应离座售票，送票到手。售票时，要向购票人讲清到达站名、购票张数，告诉其票价，接收票款，在车票票面到达站代号上面记号或用钳轧孔，然后将车票和余款交给旅客，并请旅客点清收好。当旅客要求购买伤残军人票时，须先验看证件。经乘务员发售车票乘车的人数，由乘务员负责填入行车路单。不够填时，可附补充记录。回终点站后要汇总填写本趟班车途中搭乘旅客人数及营收金额。

为维护行车安全，应坚持按车辆定员引客上车并售票，但在下列情况下，可按各地规定的"定员增乘"范围引客上车：

①需护送的残疾人、老年人、病人及成人携带的应购客票的。
②追捕犯罪嫌疑人的公安人员。
③执行特殊紧急公务的党政军机关工作人员。
④新闻记者。

下列人员可优先上车：

①伤残军人、现役军人。
②持有证件执行任务的公安人员、新闻记者和运政人员。
③急救病人，防疫、抢险人员。
④怀抱婴儿的旅客及行动艰难的老年人、残疾人。

根据《汽车旅客运输规则》规定，7岁以下儿童乘车应有成人旅客携带。凡有下列情况之一者不准乘车：

①不遵守《汽车旅客运输规则》且不听劝告者。
②精神失常且无人护送，或虽有人护送仍可危及其他旅客安全者。
③恶性传染病患者。

3）验票、补票和退票

旅客到站下车时，乘务员要认真验票。验票时，要看清车票全、童、军（伤残军人）票别，看清车票到达站或代号，看清车票日期和到达站代号上所画记号和轧孔，并注意所携带行李有无超限情况。对于无票乘车主动补票的旅客，除收取发站至到达站票价外，加收手续费。凡属无票或持无效客票乘车者，应课以票面金额100%的罚款。旅客要求越站乘车，事先申明并经同意，补收加乘区段票款。如不事先申明，其越乘区段按无票乘车处理。

旅客在途中遗失车票但能提供足够证明者，可继续乘车，否则应另行购票。若在下车前又找到原票，经驾乘人员签证后，其中一张可按开车前退票处理，并核收手续费。

旅客一经车站检票乘车或在车上买票后,应一次完毕行程。除遇特殊情况外,旅客随意在中途下车者,客票即行作废。如由于特殊原因,经当地车站认可或驾乘人员签字,可在就近车站退还原票价,补收已乘区段票价,核收退票费,但车上售出的客票不办理退票。

所收下车旅客的车票,除将要求报销的撕角交回旅客外,当场撕毁,不做保存。

4)票款结算

每日收班时,到主管车站票据(财务)室或票据管理员办公处盘票,核算票款,做到日结、日缴、日清,并办好票据领用手续。对运行周期超过1天的长途班车,则按运行周期结算票款。

2. 行包运输工作

(1)始发站。在始发站或有站房的中途站有行包上车时,乘务员应根据行包交接清单和行包票随车联对号点件,做到清单、票号、件数、车号四对口。装车时,由工作人员负责并由本车驾乘人员在旁监装,做好画号记录。待行包按要求装妥并用苫布盖严捆扎牢固后,乘务员在交接清单上签收。客车到站卸车前,应先查看车顶苫布。卸车时,乘务员应会同行包员点件卸车,并核对交接清单与行包票随车联二者的件数,由行包员在交接清单上签字后返回填发站。如遇行包丢失、损坏、差错时,要做好记录,并按《汽车旅客运输规则》有关规定处理。

(2)停靠站。旅客在停靠站(招呼站)携带行包上车时,乘务员可在车上估商质量或应要求其到前方站补称质量,收取运杂费后交旅客自理。旅客所托运或自理的行包,均应合乎《汽车旅客运输规则》的规定。旅客在途中下车提取托运的行包时,乘务员要查看行包票,核对标签,做到票、包相符,防止旅客取错行包。交付后,要将行李票撕角,扯去标签。途中上下的行包数量和重量,也要由乘务员及时填入行车路单。

(3)行车途中。在行车途中,驾乘人员应在停车休息时经常检查行包遮盖和捆扎情况。如发现松散,应及时整理,重新捆扎,以防丢失。如中途需卸行包,应及时卸下并核对票据、标签,防止漏卸、错卸、错发。

(4)及时结算。途中行包运输的收入要做到日结、日清或按往返班次结算。

无论在票务工作中,还是在办理行包运输工作中,都要注意各种票据的管理。各种票据均系有价证券,除非人力不能抗拒而发生的票据损失,经当地公安机关证明者外,经鉴定属于经办人责任而发生的短少、丢失,一律由责任人按票面金额赔偿。对未印有金额的票据,按各地规定的金额赔偿,并应及时报主管公司或发票单位备案,同时登报作废。如系填用后遗失的,由责任人负责追回,按责任事故处理。

(八)乘务作业中的安全工作及事故处理

1. 安全工作

在旅客运输过程中,做好安全工作,不发生任何安全事故,是广大旅客的愿望,也是运输企业全体职工的职责和义务。乘务工作人员要坚持安全第一的原则,以对人民高度负责的精神,遵守安全运输的有关规定,严格按照作业规程正确操作,并搞好对旅客的安全宣传教育。通过旅客与乘务人员的共同努力,避免在旅行过程中使旅客遭受意外损伤和发生行包丢、损等事故,最大限度地保证旅客生命财产的安全。

为保证旅行安全,乘务员应做到:

(1)维持好上下车秩序。旅客上下车时,乘务员要宣传安全注意事项,维持秩序,先下后上。要求旅客不要争抢上下车,不准翻越车窗,以免挤伤、碰伤、摔伤。车未停稳时,不允许开启车门和上下车。无论何时,不允许旅客自己开启车门。

(2)注意行车中的安全。客车行驶期间,请旅客不要把头、手伸出窗户外,教育儿童不要在车上乱跑。客车经过繁华路段或转弯、进站时,应向旅客和街道行人适当宣传,注意安全。驾乘人员要严格执行行车纪律,不准相互闲谈。教育旅客不要与驾驶人闲谈,不要做妨碍驾驶操作的动作。注意防止车内小件行李架上的行李下落砸伤旅客。

(3)妥善处理异常旅客。做好特殊情况下的旅客运输工作,对部分异常旅客要区别情况,妥善处理。

①精神病患者无人护送,或虽有人护送但仍能危害他人安全者,不准乘车。对准许乘车的精神病患者,乘务员要协助护理人员做好护送工作,防止发生意外。

②喝醉酒的人必须有人护送,并保证不会危及他人安全,否则不准乘车。

③对于恶性传染病患者,要劝说护送人员与医院联系专车运送,公路客车一律不准搭乘。

④对于犯人,确属无专用车辆押送时,乘务人员应向押送人员了解有关情况并与驾驶人一起做好旅客思想工作,适当调换座位以保证顺利押送。

(4)必要时组织旅客临时下车。客车行经渡口、危险地段、险桥或加油站时,乘务员要组织旅客下车步行到前方等候。在途中站点停靠休息时,要提醒旅客保管好自己的物品。

(5)查禁危险物品。为保证安全运输和车内卫生,严禁旅客在车上吸烟。认真进行行包运输的宣传、教育和必要的检查,防止旅客将易燃、易爆、腐蚀、有毒以及其他妨碍他人安全和卫生的物品夹在行包中托运和携带上车。

(6)文明装卸行包。装卸行包时要严格按操作规程进行,做到轻装轻放,先卸后装,大不压小,重不压轻,堆码整齐,捆扎牢固,苫盖严密,严防因超高、车顶太重等原因而造成安全事故。为避免行包丢失,应严格执行行包交接手续。

2. 事故处理

当旅客在车上发生意外事故时,乘务员可根据情况采取以下措施:

(1)客车在公路运行或停放过程中,发生碰撞、翻车、失火等事故时,驾乘人员(重伤、死亡者除外)要自己带头并组织未受伤或只受轻伤的旅客把受伤较重者抬出车外,迅速拦截过往车辆送到附近医院抢救。同时要保护好现场,并尽快用电话或委托过往车辆将肇事简况(时间、地点、车属单位、车号、驾驶人姓名、人员伤亡及客车损坏程度等)向临近车站、交警部门报告,请求派员处理。

(2)旅客乘车期间,因摔、夹、挤等情况造成伤亡时,乘务员应妥善处理,并与驾驶人商量,迅速送往附近医院救护。

(3)旅客在乘车途中发生急病(包括孕妇即将分娩)时,乘务员要安慰患者,并动员旅客让出座位供患者躺卧。同时要与驾驶人商量,将车开往就近医院,使病人及早得到抢救治疗。由发生上述情况所在地车站或医院所在地车站,问清伤者工作单位和地址,及时通知其亲属或单位派人到医院照顾病人。

六、驾乘人员守则

（1）严格遵守交通规则和操作规程，精心保养车辆，出车前、行车中、收车后，应认真做好车辆的安全检查。

（2）客车驾驶人应合理安排作息时间，保证充足睡眠，行车途中思想集中，每天驾驶时间不得过长，确保行车安全。

（3）遵守运输纪律，执行运行计划，服从调度和现场指挥，正点运行。

（4）客车行经险桥、渡口、危险地段和加油站时，要组织旅客下车；事后以及中途就餐、停歇后均须核实人数，方能开车。途中遇非常情况或发生事故，应尽快呼救，抢救伤员，保护现场，必要时组织旅客疏散。

（5）讲究职业道德，文明服务，礼貌待客，重点照顾有困难的旅客。

项目二　客运服务仪表礼仪

项目要求

1. 知识目标

说出仪表礼仪的含义;说出客运服务人员仪表、妆饰、服饰等方面的具体要求。

2. 技能目标

掌握仪表礼仪的基本理念、规范准则及实战技巧,能正确修饰妆容、发式,正确穿戴女士套装、男士西服,正确佩戴饰物。

3. 素养目标

通过对客运服务仪表礼仪的学习,懂得一名专业客运服务人员如何根据自己的职业塑造职业形象,并养成良好的职业仪表礼仪意识。

项目描述

本项目分为四个课题,第一,介绍仪表礼仪的含义以及仪表修饰的原则,让学生从整体上把握仪表礼仪的基本理念。第二,介绍妆饰礼仪的基本规范和要求,重点了解仪容修饰和整理的基本内容。第三,介绍服饰礼仪的基本规范和要求,包括西装、职业套装、领带以及其他配饰等。第四,具体介绍客运服务人员的妆饰礼仪和服饰礼仪,让学生了解该职业领域应该达到的具体要求。

建议课时

6课时。

课题一　仪表礼仪概述

仪表是个人素养和品位的体现。良好的仪表在现代服务活动中也是非常重要的礼仪要素,服务人员(如汽车客运服务岗位工作人员)应该培养自身的仪表礼仪,把握好内在美和外在美、自然美与修饰美的统一。

一、仪表礼仪

仪表礼仪是人们在容貌、体态、妆饰、服饰等方面体现出来的精神面貌、内在素质及外在感官形象。

在生活中仪表美非常重要,它反映出一个人的精神状态和礼仪素养,是人们交往中的"第一形象"。仪表美可以靠化妆修饰、发式造型、着装佩饰等手段,弥补和掩盖在容貌、形体等方面的不足,并在视觉上把自身较美的方面展露、衬托和强调出来,使形象得以美化。

仪表在人际交往中的最初阶段,往往是最能吸引对方注意的方面,仪表端庄、穿戴整齐者能够给人留下良好的第一印象,并且也更显得尊重别人。心理学家认为,最初印象的形成在见面的15 s就形成了,人和人之间的沟通首先是视角的沟通,好的第一印象往往对接下来的交流和深层了解起到积极的促进作用,反之,不好的仪表印象不仅给人的第一印象留下阴影,也会影响以后的沟通或交往。

一般来讲,仪表礼仪主要是反映人们的外在形象、形态气质等,包括自身容貌、皮肤、发式、肢体等自然仪表,以及服饰、配饰等修饰仪表。

二、客运服务人员仪表基本要求

客运服务人员在仪表修饰时应该注意遵循一定的原则,一般来说主要有适体性原则、TPO原则、整体性原则和适度性原则,仪表修饰原则如表2-1所示。

仪表修饰原则　　　　　　　　　　　　　　　　　　　　　　　　表2-1

仪表修饰原则	具 体 要 求
适体性原则	要求仪表修饰与个体自身的性别、年龄、容貌、肤色、身材、体型、个性、气质及职业身份等相适宜和相协调
TPO原则	时间(Time)、地点(Place)、场合(Occasion)原则(简称TPO原则):即要求仪表修饰因时间、地点、场合的变化而相应变化,使仪表与时间、环境氛围、特定场合相协调
整体性原则	要求仪表修饰先着眼于人的整体,再考虑各个局部的修饰,促成修饰与人自身的诸多因素之间协调一致,使之浑然一体,营造出整体风采
适度性原则	要求仪表修饰无论是修饰程度,还是在饰品数量和修饰技巧上,都应把握分寸,自然适度。追求虽刻意雕琢而又不露痕迹的效果

具体来看,应该达到以下要求:

1. 内在美与外在美兼收并蓄

客运服务人员的仪表礼仪不仅应体现在外在容貌和妆饰上,还应该注重自身内在修养,如提升个人文明素质、生活品位等,从而使人散发出优雅的内在气质,这样才能使外表美和内在美交相辉映。

2. 自然美与修饰美和谐统一

一般来讲,每个人的先天资质都有所不同,如肤色、体态等,因此,应该针对不同的资质差异,使用相应的修饰方法,而不是千篇一律或盲目使用。例如,化妆品的使用中,不同特性的皮肤往往是需要不同的化妆品进行修饰;穿衣戴帽方面,不同体态的人也同样要考虑衣服款式、颜色等是否适合自己的体型条件。因此,客运服务人员在修饰外表的时候应该注意自然美与修饰美的和谐统一。

3. 简洁大方、干净利落

客运服务人员是代表企业的整体形象,简洁大方、精神振作的外在形象可彰显出企业的精神风貌。首先,客运服务人员应该树立整洁、卫生的良好个人形象,保持身体的清洁、卫生,外在衣着的干净、整洁。第二,做事干净利落,精神状态高昂、振作,要体现出客运服务人员干练、积极向上的良好形象。

课题二　客运服务人员妆饰礼仪规范

一、面部

(一)客运服务人员面部要求

客运服务人员应该非常重视面部清洁和护理,给客户留下良好的第一印象。面部的具体要求是:

男士:面部应保持干净无油腻,包括眼角、嘴角、鼻孔等处要清理干净,鼻毛不外露;耳朵和耳后保持清洁,胡须修干净,不可蓄胡须,养成每天剃须的习惯;口气要清新,每天早晚清洁口腔和牙齿,牙缝里无异物,不要在上班时间食用有刺激性气味的食物(如大蒜、大葱、洋葱等),不能饮酒和有酒精成分的饮料(图2-1)。

女士:面部应保持清洁,白天上班期间不宜化浓妆,应以淡妆为主;保持口腔清洁和口气清新,牙缝无异物,不在上班期间食用有刺激性气味的食物(如大蒜、大葱、洋葱等),不能饮酒和有酒精成分的饮料(图2-2)。

图2-1　男士面容规范

图2-2　女士面容规范

(二)面部护理和皮肤保养

油性皮肤的护理:油性皮肤应勤洗脸,选用清洁力和杀菌力强的洗面奶或香皂,以利于清除皮肤上的油分和污垢。洗脸后不要使用含油分的乳液或面霜,可搽些收敛性的化妆水。

干性皮肤的护理:这类皮肤主要是由于缺少油脂而导致面部粗糙、褶皱,所以应该注意选用富含油分的面霜或乳液。洗脸时应用温水,洗后用化妆水、乳液或面霜敷面。

中性皮肤的护理:中性皮肤在夏季宜采用清爽型的化妆水和乳液,冬季可改用油分较多的护肤品。

二、发式礼仪

发型对于客运服务从业者的个人形象来说具有重要的作用。因此,了解发式礼仪并系统地学习一些美发礼仪也是很有必要的。

(一)发式礼仪的基本要求

发式礼仪对于客运服务人员的基本要求是:头发必须经常地保持健康、秀美、干净、清爽、卫生、整齐的状态。具体来说,应该做到以下几点:

1. 男士发式礼仪要领

(1)头发长度适中:前不过眉,后不过领,两侧长度不宜过耳;更不宜理光头。

(2)头发应保持清洁:养成勤清洗头发的习惯,不要有头皮屑。

(3)学会护理头发,头发应健康有光泽,定期修剪和护理。

(4)发型符合大众审美观,不做前卫、怪异的造型,不宜戴发饰和染发。

(5)头发应梳理有型,因睡觉等压坏的发型可使用定型水等进行修正,但定型水不要使用气味太重的产品(图2-3)。

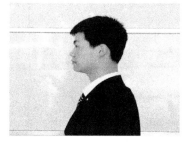

图 2-3　男士发式礼仪要领

2. 女士发式礼仪要领

(1)头发梳理有形,刘海不要遮住眉毛和眼睛,留长发的女士应该用发卡或其他发饰将头发扎住。

(2)头发应保持清洁:养成勤清洗头发的习惯,不要有头皮屑。

(3)学会护理头发,头发应健康有光泽,定期修建和护理。

(4)发型符合大众审美观,不做前卫、怪异的造型,不宜戴发饰和染发(图2-4)。

女士头发的礼仪要领:
不过与个性化
头发不能彩染
刘海不遮眉眼
整齐没有碎发
长发盘在脑后

图2-4 女士发式礼仪要领

(二)头发养护

客运服务人员应该重视自己头发的护理,使头发看起来健康、清爽。

1.洗发注意事项

(1)应选择酸碱度适中的水来清洗头发,温度应该适中。

(2)洗发剂应该选择适合自己发质需要的产品,如发质较差的可以重点选用富含护发成分的养护型洗发水。但需要注意,每次洗发时均要将洗发水冲洗干净。

(3)洗发时用力应适中,指甲不宜过长,防止伤及头皮层,容易引起感染。

(4)电吹风温度不要过高,最好是自然晾干,更有利于护理头发。

2.养护注意事项

发质干燥、易分叉、断裂等是由于头发缺乏养分,需要日常的保养,例如,可在洗发时使用适量的护发素;条件允许的话可以去专业理发店进行定期护理等。

(三)发型要求

1.美发礼仪基本要求

客运服务人员对于发型的要求应该定位在庄重、大方,不追求发型与自身条件的完美匹配,但应该彰显客运服务人员干练、简约的职业气质。具体应体现在以下几个方面:

(1)男士头发应以短发为宜,所以应当定期理发;女士也应该定期修剪发梢、刘海等,保持合适的头发长度。

(2)男士理发方式应以普通修剪为宜,慎重选择染、烫、拉直等方式。

(3)商务人员发型普遍以传统惯例为主,不适合选择新潮、怪异的另类发型,否则不能给人以稳重感。

(4)尽量避免在头发上滥加装饰之物。男士更不宜使用任何发饰。女士在有必要使用发卡、发绳、发带或发簪时,应使之朴实无华,其色彩宜为蓝、灰、棕、黑,并且不带任何花饰。绝不要在工作岗位上佩带色彩鲜艳或带有卡通、动物、花卉图案的发饰。

2.发型选择常识

人的脸型一般可分为8种,其中鹅蛋脸(又称瓜子脸)属标准型,可以做任何发型。设计发型时,只有对发型设计及化妆的原则有深刻的认识,针对脸型处理发式,进行平衡和调和,才能弥补脸型的不足,创造美丽和满意的效果。不同脸型与发型的搭配如表2-2所示。

项目二 客运服务仪表礼仪

脸型与发型配合表　　　　　　　　　表 2-2

脸　型	发　型　配　合
圆形脸	将头发安排在头顶,用前刘海盖住双耳及一部分脸颊,即可减少脸的圆度
方形脸	类似于圆形脸,其发式应遮住额头,并将头发梳向两边及下方,并可以烫一下,造成脸部窄而柔顺的效果
梨形脸	保持头发覆盖丰满且高耸,分出一些带波浪的头发遮住额头,头发以半卷或微波状盖住下级线,造成宽额头的效果
长形脸	可适当用刘海掩盖前额,一定不可将发帘上梳,头缝不可中分,尽量加重脸型横向感,使脸型看上去圆一些
钻石形脸	增加上额部和下巴的丰满,维持头发贴近颧骨线,可创造出鹅蛋形脸的效果
心形脸	将中央部分刘海向上卷起或倾斜地梳向一边,在下级线加上一些宽度
不规则形脸	可以选择适当的发型掩饰其缺点,采用柔和的盖住突出缺陷的发型,造成脸部两边平均的效果

三、手部、香水使用等

(一)手部要求

(1)不论是男士还是女士,从事汽车客运服务行业都尽量不要留长指甲,指甲长度以不超过手指头为标准(图 2-5)。

(2)女士不要涂有颜色的指甲油(图 2-6)。

图 2-5　男士手部规范　　　　　　　　　图 2-6　女士手部规范

(3)手部应经常保持清洁。冬天等天气干燥的季节应注意手部护理,防止皲裂、干皱。

(二)香水使用规范

(1)客运服务人员应勤洗澡、勤洗脸、勤换衣,保持脖、颈、手、足、耳及耳后、腋下等干净无异味。

(2)不要使用浓烈香味的香水。

(3)在一些重要场合(如第一次会见大客户或招聘、应聘时),如果不了解对方的香味喜好,最好少用或不用香水。

(4)参加宴会时要控制使用香水,以免对别人的嗅觉系统造成干扰,无法正常享受美味佳肴。在宴会上如果想使用香水,应当涂抹在腰部以下的位置。进食时,口和手等部位绝对要避免抹香水。

(5)去医院看病或探视病人不要使用香水,以免对医生和病人造成干扰。看望呼吸系统疾病的病人,严禁使用香水。

(6)与他人品茶时不可使用香水。

(7)商务人士在社交场合当中,要尽量避免在他人面前涂抹或喷洒香水,否则容易给对方留下轻浮与缺乏修养的印象。隔一段时间之后香水的香味就会变得较淡,因此需要再度补用。补香水虽很简单,但是同样需要避人。

课题三 客运服务人员服饰礼仪规范

在特定的场合中,服装也代表着一种礼仪,穿着职业服装不仅是对服务对象的尊重,同时也使着装者有一种职业的自豪感、责任感,是敬业、乐业在服饰上的具体表现。规范穿着职业服装的要求是整齐、清洁、挺括、大方。客运服务人员在正式的商务场合中,应该重视自己的服饰礼仪。

一、着装的规则

1. TPO 原则

T、P、O 分别是英语中 Time、Place、Object 三个单词的首字母缩写。"T"指时间,泛指早晚、季节、时代等;"P"代表地方、场所、位置、职位;"O"代表目的、目标、对象。TPO 原则是目前国际上公认的衣着标准。着装遵循了这个原则,就是合乎礼仪的。

2. 整体性原则

正确的着装,能起到修饰形体、容貌等作用,形成和谐的整体美。服饰的整体美构成,包括人的形体、内在气质和服饰的款式、色彩、质地、工艺及着装环境等。服饰美就是从这多种因素的和谐统一中显现出来。

3. 个性化原则

着装的个性化原则,主要指依个人的性格、年龄、身材、爱好、职业等要素着装,力求反映一个人的个性特征。选择服装因人而异,着重点在于展示所长,遮掩所短,显现独特的个性魅力和最佳风貌。现代人的服饰呈现出越来越强的表现个性的趋势。

4. 整洁原则

在任何情况下,服饰都应该是整洁的。衣服不能沾有污渍,不能有绽线的地方,更不能有破洞,扣子等配件应齐全。衣领和袖口处尤其要注意整洁。

二、着装礼仪规范

1. 男士职业着装要求

男士着装以自然、干净、整洁、得体为宜。正式商务场合中,男士着装不宜华丽、鲜艳,其中西装为主要的职业服饰(图2-7)。

(1)拆除衣袖上的商标:在正式穿西装之前,切记将它们先行拆除,西服的档次不是看牌子,而是看穿出来的感觉。不要为了显示西装的牌子,故意不拆,那样只会让别人嗤之以鼻。

(2)熨烫平整:要让西装看上去美观大方,就要对其进行认真的熨烫,使西服显得平整而挺括,线条笔直。

(3)扣好纽扣:扣子的扣法也很重要,通常讲究"扣上不扣下"的原则。双排扣西服应全部扣好;单排2扣西服可以扣最上面第一颗,或者全不扣;单排3扣西服可以扣最上面2颗,也可以扣中间一颗,或者全不扣;单排4扣可以扣上面三颗,也可以扣中间2颗,或者全不扣。在正式场合,男士起立时应扣好纽扣,当坐下时,可以将单排扣的西装纽扣解开。

图2-7 客运服务人员着装规范

(4)用好衣袋:西服上衣两侧的口袋只作装饰用,不可装物品,否则会使西服上衣变形。西服上衣左胸部的衣袋只可放装饰手帕。有些物品,如票夹、名片盒可放在上衣内侧衣袋里,裤袋亦不可装物品,以求臀位合适,裤形美观。

(5)巧穿衬衫:衬衫为单色,领子要挺括,不能有污垢、油渍。从衬衣到领带到西服颜色应该有层次,由浅及深,西服衬衫下摆要放在裤腰里,系好领扣和袖扣。衬衫衣袖要稍长于西装衣袖0.5~1cm,领子要高出西装领子1~1.5cm,以显示衣着的层次。在正式的商务场合,白色的衬衫永远是最佳选择。

图2-8 客运服务人员着装规范要领(前)

(6)穿好皮鞋:穿西服一定要穿皮鞋,而且裤子要盖住皮鞋鞋面,搭配正装西服的皮鞋,应该是黑色系带牛皮鞋。不能穿旅游鞋、轻便鞋或布鞋、露脚趾的凉鞋,也不能穿白色袜子和色彩鲜艳的花袜子。男士宜着深色线织中筒袜,切忌穿半透明的尼龙或涤纶丝袜。

(7)注重礼仪:西服不同于休闲装,不穿就罢了,穿上身就要非常讲究,穿着西服时要非常注意自己语言、行为、姿态,这样穿上西装才会显示大度、热情奔放。请记住,多数场合都不要把你的手插在裤子口袋里。另外,正式的商务场合只能穿着深色西装,浅色西装只能作为商务便装来穿着。西装、衬衣、领带颜色搭配表详参表2-3。图2-8~图2-10为汽车客运服务人员着装规范要领。

西装、衬衣、领带颜色搭配表　　　　　表2-3

西 装 颜 色	衬 衣 颜 色	领 带 颜 色
黑	白	灰、蓝、绿
灰	白	灰、绿、黄
深蓝	白或亮蓝	蓝、灰、黄

图 2-9　客运服务人员着装要领(后)　　　　图 2-10　客运服务人员着装(鞋)

2. 女士职业着装要求

(1)整齐。服装必须合身,袖长至手腕,裤长至脚面,裙长过膝盖,尤其是内衣不能外露;衬衫的领围以插入一指大小为宜,裤裙的腰围以插入五指为宜。不挽袖,不卷裤,不漏扣,不掉扣;领带、领结、飘带与衬衫领口的吻合要紧凑且不系歪;如有工号牌或标志牌,要佩戴在左胸正上方,有的岗位还要戴好帽子与手套。

(2)清洁。衣裤无污垢、无油渍、无异味,领口与袖口处尤其要保持干净。

(3)挺括。衣裤不起皱,穿前要烫平,穿后要挂好,做到上衣平整、裤线笔挺。

(4)大方。款式简练、高雅,线条自然流畅,便于岗位接待服务。

衬衫应轻薄柔软,色彩与外套和谐。内衣的轮廓最好不要从外面显露出来。衬裙应为白色或肉色,不宜有任何图案。裙腰不可高于套裙裙腰而暴露于外。商界女士所穿的用以与套裙配套的鞋子,宜为皮鞋,并以棕色或黑色牛皮鞋为上品。袜子不可随意乱穿。所穿的袜子,可以是尼龙丝袜或羊毛袜。千万不要将健美裤、九分裤等裤装当成袜子来穿。客运服务人员着装要领见图2-11。

图 2-11　客运服务人员着装要领

3. 领带打法

领带的打法主要有以下几种:

(1)平结(图2-12)。

图 2-12 平结的打法

(2)双交叉结。这样的领结很容易让人有种高雅且隆重的感觉,适合正式的活动场合选用。该领结应多运用在素色且丝质领带上,若搭配大翻领的衬衫不但适合且有种尊贵感(图2-13)。

图 2-13 双交叉结的打法

(3)交叉结。这是对于单色素雅质料且较薄领带适合选用的领结,对于喜欢展现流行感的男士不妨多加使用"交叉结"(图2-14)。

图 2-14 交叉结的打法

(4)双环结。一条质地细致的领带再搭配上双环结颇能营造时尚感,适合年轻的上班族选用。该领结完成的特色就是第一圈会稍露出于第二圈之外,可别刻意给盖住了(图2-15)。

图 2-15 双环结的打法

（5）温莎结。温莎结适合用于宽领型的衬衫，该领结应多往横向发展。应避免材质过厚的领带，领结也勿打得过大（图2-16）。

图 2-16　温莎结的打法

（6）其他样式不错的打法，如图2-17 所示。

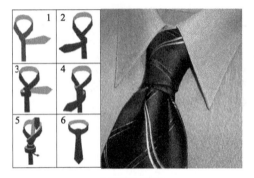

a) 亚伯特王子结

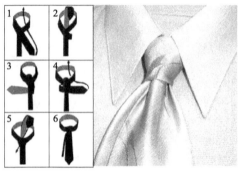

b) 浪漫结

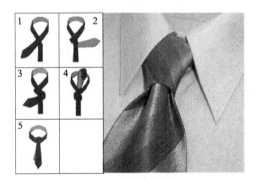

c) 四手结

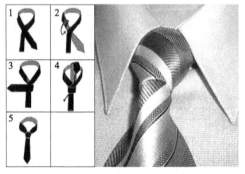

d) 简式结（马车夫结）

图 2-17　其他领结花样及打法

三、饰品佩戴规范

1. 男士饰品佩戴要求

对男士来说，在正式商务场合中，首饰只能佩戴戒指，戒指的佩戴要格外注意，只能佩戴不超过一枚的戒指，而且应该是婚戒，佩戴在无名指上。项链、耳环、手镯等都不适合职场男士。另外佩戴一款典雅庄重的腕表，是商务男士最佳的选择。

2. 女士饰品佩戴要求

1）项链

项链要与脸型相搭配。脸部清瘦且颈部细长的女性，戴单串短项链，脸部就不会显得太瘦，颈部也不会显得太长了。

脸圆而颈部粗短的女性，最好戴细长的项链，如果项链中间有一个显眼的大型吊坠，效果会更好。

椭圆形脸的女性最好戴中等长度的项链，这种项链在颈部形成椭圆形状，能够更好地烘托脸部的优美轮廓。颈部漂亮的女性可以戴一条有坠的短项链，突出颈部的美丽。

2）耳环

身材短小的人，戴蝴蝶形、椭圆形、心形、圆珠形的耳环，显得娇小可爱。

方形脸适宜佩戴圆形或卷曲线条吊式耳环，可以缓和脸部的棱角。

圆形脸戴上"之"字形、叶片形的垂吊式耳环，在视觉上可以造成修长感，显得秀气。心形脸宜选择三角形、大圆形等纽扣式样的耳环。三角形脸最好戴上窄下宽的悬吊式耳环，使瘦尖的下颌显得丰满些。

戴眼镜的女性不宜戴大型悬吊式耳环，贴耳式耳环会令她们更加文雅漂亮。耳环与肤色的配合不容忽视。肤色较白的人，可选用颜色鲜艳一些的耳环。若肤色为古铜色，则可选用颜色较淡的耳环。如果肤色较黑，选戴银色耳环效果最佳。若肤色较黄，以古铜色或银色的耳环为好。

3）手镯与手链

手镯与手链是一种套在手腕上的环形装饰品，它在一定程度上，可以使女性纤细的手臂与手指显得更加美丽。

选戴手镯时应注意，如果只戴一个手镯，应戴在左手上；戴两个时可每只手戴一个，也可都戴在左手上，这时不宜戴手表；戴三个时应都戴在左手上，不可一手戴一个，另一手戴两个。手链一般只戴一条。

手镯与手链不是必要的装饰品，因此职业妇女在工作时无须佩戴，也最好不戴。出入写字楼，戴手镯，很有点不伦不类，容易被人取笑。

4）皮包

平拿式皮包豪华、时尚，使用这种皮包能够充分体现出女性的职业、身份、社会地位及审美情趣。平提式皮包普通休闲式的适合一般外出使用，比较考究的皮质皮包多为职业女性使用。注意皮包的款式、颜色要与服装相配。

5）丝袜

丝袜的色泽应讲究，职业女性在政务或商务场合内只能穿肉色丝袜，休闲及着便装时选择丝袜的颜色就应与所穿的服饰相协调。需要注意的是，穿着有明显破损或脱丝的丝袜是相当不雅的。另外，丝袜的袜口不应低于裙子的下缘，在穿迷你裙时，最好穿连裤袜，以免袜口外露。

6）戒指

戒指应与指形相搭配。

手指短小,应选用镶有单粒宝石的戒指。如橄榄形、梨形和椭圆形的戒指,指环不宜过宽,这样才能使手指看来较为修长。

手指纤细,宜配宽阔的戒指,如长方形的单粒宝石,会使玉指显得更加纤细圆润。

手指丰满且指甲较长,可选用圆形、梨形及心形的宝石戒指,也可选用大胆创新的几何图形。

7)手表

手表过去是一种品位的象征。配合需要和自我风格来选择配衬手腕的时尚饰物,已经成为一种生活的享受及喜悦,超薄系列手表配搭混合了不同布料、装饰、银及金属,质感、皮革及颜色等,变成意想不到的组合,完全迎合现今瞬息万变的生活模式需求。现在女性很少有人戴手表,如果一定要戴,请务必戴品位较高的手表。

课题四　客运服务岗位与仪表礼仪

客运服务人员每天面对成千上万的乘客,一举一动、一言一行都体现着客运交通的形象。除了车站整洁优美,运输安全正点,所有客运服务人员的举止言行是组成客运一流服务质量的重要因素。为了树立良好的客运服务形象,客运服务人员要从仪容、着装等方面一点一滴的小事做起,向乘客展示交通职工的风采。

客运服务岗位分工明确,包括站务人员、调度员、管理人员、乘务人员、驾驶人、保修人员等,不同的岗位所负责的工作内容不相同,但在仪表礼仪方面大的方向还是一致的,客运服务岗位仪表礼仪的基本内容包括以下几个方面:

一、客运服务人员妆饰礼仪

(一)发式

头发要经常梳洗、保持清洁整齐。具体要求:

(1)男员工:要注意经常修饰、修理头发。头发长度适中,不留长发,长鬓角,前发不附额,侧发不掩耳,后发不及领;不理光头。男性客运服务人员发式规范见图2-18。

☺ 头发前不触眉
☺ 头发后不触领
☺ 侧不过耳
☺ 不可光头

图2-18　男性客运服务人员发式规范

(2)女员工：发式应保持美观、大方。头发刘海不要遮住眉毛和眼睛，不允许披肩长发，如果头发太长，应该用发卡或其他发饰将头发扎住，发卡和发饰的式样应庄重大方；短发合拢耳后，不留超短式发型。女性客运服务人员发式规范见图2-19。

（二）面部

面部修饰要保持整洁、修饰得体。具体要求是：

（1）男员工：面部应保持干净无油腻，包括眼角、嘴角、鼻孔等处要清理干净，鼻毛不外露；耳朵和耳后保持清洁；胡须修干净，不可蓄胡须，养成每天剃须的习惯。

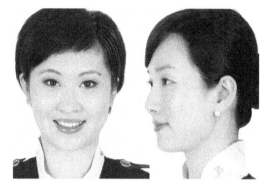

图2-19 女性客运服务人员发式规范

（2）女员工：面部应保持清洁，适度化淡妆，不宜化浓妆和前卫妆；不要使用气味浓烈的化妆品。

（三）口腔

保持口腔的清洁和口气清新，是讲究礼仪的重要方面。客运服务人员在上岗前，应避免食用一些会产生口腔异味的食品，如蒜、葱、韭菜、香烟、酒和有酒精成分的饮料。口腔有异味者，在与人交谈时，要保持一定的距离，切不可口沫四溅。

（四）手部

双手的清洁与否和一个人的文明礼仪形象密切相关，反映了一个人的修养与卫生习惯。要随时清洁双手，保持手部清洁。要经常修剪与洗刷指甲，保持手指甲的清洁，不得留长指甲，手指甲的长度以不长过手指指尖为宜，也不要涂有色的指甲油。

二、客运服务人员的服饰礼仪

客运服务人员的服饰应整洁大方，并与客运的工作性质相协调，目的是树立企业新形象，养成员工良好的职业行为，展现员工优良的精神风貌。

（一）制服

原则上在工作地点、工作时间穿着工作制服；在企业或车站范围内当班时间应按规定穿齐工作制服，佩戴标志；参加上级组织的大活动时须穿着统一的工作制服，非工作时间，但仍穿着工作制服的员工，着装和行为举止一律按上岗时的规定执行。员工穿着制服乘车、候车过程中，原则上不坐在座椅上，并主动维持乘客候车、乘车秩序。规范穿着制服的要求是**整齐、清洁、得体、挺括、大方**。

（1）整齐。当班时不挽袖，不卷裤，不漏扣，不掉扣；天热不敞胸露怀；不歪戴帽子。

（2）清洁。制服应勤洗勤换，保持清洁，无污垢、斑点、油渍和异味。领口和袖口尤其要注意清洁。

(3)得体。男员工:领带紧贴领口正中;衬衫领子挺括,衬衫下摆塞在裤腰内,扣好领扣和袖扣。裤脚前面盖住鞋面中央,后至鞋跟中央,裤线清晰笔直。女员工:袖长至手腕,裤长至脚面,裙长过膝盖,尤其是内衣不能外露;衬衫的领围以插入一指大小为宜,裤裙的腰围以插入五指为宜;领带、领结、飘带与衬衫领口的吻合要紧凑且不系歪;衬衫下摆应放在西裤或裙子外。

(4)挺括。衣裤均不起皱,穿前烫平,穿后挂好,做到上衣平整、裤线笔挺,并且无脱线、缺扣、残破、毛边等现象。

(5)大方。制服的款式要简练、高雅,线条自然流畅,便于岗位接待服务。同时,要控制制服的色彩不超过三种;还要避免穿着的制服前胸过于"低",腹、背过于"露",裙摆过于"短",尺寸过于"窄",面料过于"透"。否则,显得极不大方、雅观,使人感到十分难堪。

(二)工号牌或标志牌

(1)工号牌或标志牌应佩戴于领带与制服领口的中间处,呈水平状态。

(2)穿着衬衫时,工号牌或标志牌应佩戴于左胸前,与袋口成水平状态。上衣左胸无口袋时,佩戴在相应位。肩章佩戴在上衣左袖肩下四指处;有的岗位还要戴好帽子与手套。

(3)工号牌或标志牌损坏或丢失时,应佩戴胸卡,以便识别。

(三)饰物

(1)女员工穿制服时,只能佩戴式样简洁大方的项链(不可露出制服),只可佩戴一枚简单的戒指、耳钉(无坠,只可在耳垂上戴一副);其他饰品和款式夸张的项链、戒指,一律不允许佩戴。

(2)男员工可佩戴手表和一枚样式简单的戒指。

(四)领带与丝巾

领带:领带打好之后,外侧应略长于内侧。打好的领带应以领带下端正好触及腰带扣的上端为宜,不得过长或过短。

丝巾:将丝巾对角相折,再对折2~3次,成3~5cm宽条状,围在脖子上,在胸前V领处交叉。下端用别针固定后,塞入衣服内,外观与领口呈平行的V字形。

(五)皮鞋与袜子

(1)男员工着深色皮鞋,造型简单规整,鞋面光滑亮泽;女员工着黑色中跟皮鞋,鞋跟低于5cm,不得穿露趾鞋、休闲鞋和厚底鞋,鞋面光滑亮泽。

(2)男员工穿黑色、深蓝、深灰等深色薄棉袜,不可穿白色或浅色袜子,袜口以坐下跷起腿后不露出皮肤为宜;女员工穿裙子应着长筒肉色袜,袜腰不低于裙摆,袜子无勾丝,无破损,只可穿无花、净色的丝袜。

项目三　客运服务仪态规范

项目要求

1. 知识目标
了解仪态概念,掌握客运服务人员站、坐、行、蹲以及手势表情等仪态规范。
2. 技能目标
掌握仪态规范在客运服务过程中的运用,能用标准的仪态与客户进行交流。
3. 素养目标
培养客运服务人员良好的站、坐、行、蹲及手势表情习惯,展现服务人员的专业素养。

项目描述

培根曾经说过:"在美的方面,相貌的美高于色泽的美;而秀雅的动作又高于相貌美。"人们在行为当中的动作、姿势和风度又可统称为仪态,生活中每个动作和举止都是仪态的表现,仪态的美丑往往展现了个人的素质与修养,因此作为客运服务人员需要对其仪态加以规范化,以展现良好的职业形象。

本项目主要介绍了客运服务过程中,客运服务人员需要掌握的站姿、坐姿、行姿、蹲姿、手势以及面部表情的基本要领、常见形式和具体要求。

本项目以标准仪态规范为示例,重点加强客运服务人员仪态训练,确保客运服务人员做到站姿优美、坐姿端庄、走姿稳健、蹲姿美观、行为举止礼貌热情同时保持自然亲切的微笑。

建议课时

6课时。

课题一　站、坐、行、蹲姿态规范

正确仪态的基本原则可以概括为微笑的面容、真诚的表情、挺直的身体、均衡的肢体以及灵巧的动作五方面,其中站姿、蹲姿、行姿、坐姿是基础。

一、客运服务人员站、坐、行、蹲姿态规范

(一) 客运服务人员站姿规范

站姿是人的一种本能,是人在静止时直立身体、双脚着地的姿势,它是人们采用的一种

静态的身体造型,同时又是其他动态身体造型的基础和起点,最易表现人的姿势特征。站姿的要求是"站如松",即要求站姿挺拔如松。优美挺拔的站姿可以给人积极向上、精神抖擞的印象,可以说在人际交往中,站姿是全部仪态的核心和基础。

1. 站姿的基本要求

由于性别的差异,男士和女士的基本站姿不尽相同,男士偏向稳健,而女士则要求优美为主,如图3-1所示。但总体而言,不论是男士还是女士基本上都要做到三点:正、直和高。即在站立时要求服务人员做到头正、肩正、身正,双眼正视前方;颈直、背直、腰直、腿直,后脑勺至脚后跟呈一条直线;挺胸、收腹、提臀、提胯,努力抬高身体重心。

2. 站姿的基本要领

要保持挺拔优美的站姿,在站立过程中站立者身体各部位必须做到以下要领:

(1)头颈:头平颈直、目光平视、下颚微收、表情自然、面带微笑。

(2)躯干:双肩下沉、腰部挺直、挺胸收腹、抬臀提胯。

(3)四肢:双膝并拢、双腿直立、双臂自然下垂。

3. 站姿的常见形式和具体要求

站姿常见的形式主要有肃立和直立两种:肃立指恭敬、庄严地站着,用于庄重严肃的场合,如升旗、庆典等;直立则用于一般正式场合,常用作工作站姿。

1)肃立站姿要求

常见的肃立站姿有两种,第一种要求双臂自然下垂于身体两侧,手指并拢自然弯曲,中指贴拢裤缝;双膝并拢,双腿直立,双脚并拢成立正姿势,头颈和躯干与站姿的基本要求一致,如图3-2所示。

图3-1 站姿基本要求

a)

b)

图3-2 双脚并拢正立站姿

第二种要求脚跟靠近,脚尖分开呈V字形,角度为45°~60°,其余与第一种站姿一致,如图3-3所示。

2)直立站姿要求

由于性别的差异,男士和女士的直立站姿略有不同,主要体现在脚部姿势上:对于男士而言,直立站姿要求双脚平行分开,距离与肩同宽,重心放在两腿之间[图3-4a)];而女士双脚可呈V字形[图3-4b)]或两脚展开呈90°,一脚向前,一脚脚跟靠于前脚中间位置,脚尖面向侧方,呈丁字形,见图3-4c)。

a)

b)

图3-3 V字形正立站姿

a)

b)

c)

图3-4 直立站姿男女脚步姿势差异

此外,在手部姿势上男女士也有所不同:男士可采用手指自然并拢,双手叠放或握住手腕,置于体前或体后的姿势,如图3-5a)、b)所示;女士则采用双手拇指交叉,右手叠于左手上,轻贴于腹前的手部姿势,如图3-5c)所示。

4. 客运服务人员的站姿禁忌

客运服务过程中,服务人员应注意时刻保持良好的站姿,避免出现以下不良站姿:
(1)头部:头部歪斜、摇头晃脑、左顾右盼。
(2)躯干:双肩不平、身体松垮、猫腰含胸。
(3)四肢:双手叉腰或插兜、双肩抱胸、腿部歪斜抖动等。

(二)客运服务人员坐姿规范

坐姿是臀部置于物体之上,单脚或双脚置于地面的一种静态造型,坐姿的要求是"坐如钟",即要求坐姿端庄如钟,端庄优美的坐姿给人以稳重大方的印象。

a)　　　　　　　　　　b)　　　　　　　　　　c)

图 3-5　直立式站姿男女手部姿势差异

1. 坐姿的基本要求

正确坐姿要保持双腿的正确摆放,同时要保证上半身的挺直,即颈、胸、腰都要保持挺拔平直。

2. 坐姿的基本要领

标准的坐姿不仅指坐着的静态姿势,还包括入座和离座的动态过程,具体而言有以下几个要领:

(1) 入座时要轻稳、不紧不慢,背对座椅、右脚后撤、立腰挺胸,双膝自然并拢,双腿自然弯曲,双肩自然下沉。

(2) 坐定后臀部位于座椅 1/2 处或 2/3 处,双手自然放在膝上,双目平视,上身挺直,表情自然,面带微笑。

(3) 离座时起身要稳,右脚后收,起立后双脚并齐,从容移步。

3. 坐姿的常见形式和具体要求

1) 男士常见坐姿要求

①正坐式。保持上身挺直、坐正,双腿自然弯曲,小腿垂直于地面,双脚分开与肩同宽,双手自然放在双膝上。如图 3-6 所示。

②重叠式。双腿交叉,一腿垂直于地面,另一腿自然重叠于上,上腿内收,脚尖向下,双手自然叠放在上腿膝盖上。如图 3-7 所示。

2) 女士常见坐姿要求

①正坐式。保持上身挺直、坐正,上身和大腿、大腿和小腿相互垂直,从脚跟至大腿全部并拢,小腿垂直于地面,双手自然重叠置于大腿根部附近。如图 3-8 所示。

②掖步式。保持上身挺直、坐正,双膝并拢,双脚在脚踝处交叉,双脚脚尖着地,双脚自然斜放或内收。如图 3-9 所示。

③曲直式。保持上身挺直、坐正,大腿靠紧,一脚前伸,一脚屈回,双脚脚掌着地,前后脚保持在一条直线上。如图 3-10 所示。

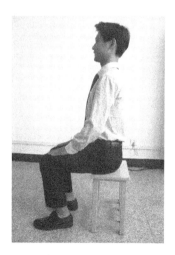

图 3-6　男士正坐式坐姿

图 3-7　男士重叠式坐姿

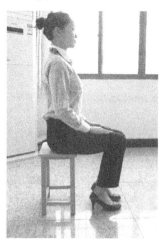

图 3-8　女士正坐式坐姿

④重叠式。保持上身挺直、坐正，双腿上下叠放，小腿紧贴呈直线垂直或斜放于地面，脚

尖向下。如图 3-11 所示。

图 3-9　女士掀步式坐姿

图 3-10　女士曲直式坐姿

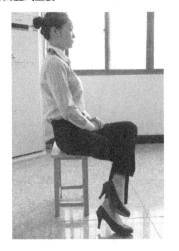

图 3-11　女士重叠式坐姿

⑤侧点式。保持上身挺直、坐正,双膝并拢,小腿紧贴呈直线斜放于两侧,斜放角度为45°,脚尖点地。如图3-12所示。

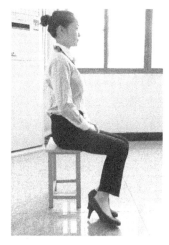

图3-12　女士侧点式坐姿

4. 客运服务人员的坐姿禁忌

客运服务过程中,服务人员应注意时刻保持良好的坐姿,避免出现以下不良坐姿:

(1)侧肩、耸肩、上身前俯后仰。

(2)双腿拉开呈"八"字形或"4"字形,跷二郎腿。

(3)双腿抖动,蹬踏它物,脚尖翘起指向他人。

(4)双臂交叉报于胸前,双手夹在腿中间或放在臀下等。

(三)客运服务人员行姿规范

行姿是人体行走时采用的姿势,是人体的动态姿势,稳健的行姿给人以沉着冷静的印象,展现了个人的气质与修养。

1. 行姿的基本要求

正确行姿主要有三个基本要求:从容、平稳、直线,即要求在行走过程中做到从容不迫、不急不缓、步速平稳、直线前进。如图3-13所示。

2. 行姿的基本要领

为保持挺拔稳健的行姿,行走时应注意以下基本要领:

(1)行走时上身保持挺拔、头正肩平、挺胸收腹、重心前倾。

(2)行走时双臂自然摆动,摆动幅度以30°~35°为宜。

(3)保持步态优美平稳、膝盖和脚腕富于弹性。

(4)步幅适度,根据身高、着装与场合的不同而有所调整。

(5)步速均匀,每分钟行走60~100步为宜。

3. 客运服务人员行姿的具体要求

(1)男性客运服务人员步伐宜矫健有力,女性客运服务人员步伐宜轻盈妩媚。

(2)男性客运服务人员步幅以一脚半距离为宜,女性步幅以

图3-13　行姿基本要求

一脚距离为宜。

(3)客运车厢中行走应靠右行,切忌左顾右盼、大摇大摆。

(4)与乘客迎面相遇时,应放慢脚步,微笑点头致意,以右侧通行原则让乘客先行。

(5)陪同引导乘客时,服务人员与乘客同行应遵循以右为尊的原则走在乘客左侧,行进步速与乘客保持一致。

4. 客运服务人员的行姿禁忌

客运服务过程中,服务人员应避免的不良行姿如下:

(1)行走步伐呈歪歪扭扭的"内八字"或"外八字"。

(2)行走时弯腰驼背、松松垮垮、大摇大摆、摇头晃肩。

(3)多人同行,勾肩搭背、嬉戏打闹。

(4)行走时双手反背于后背或手插口袋。

(5)行走时双腿过于弯曲,身体上下抖动。

(6)行走时步伐过大或过小,脚蹭地面等。

(四)客运服务人员蹲姿规范

蹲姿是人处于静态时的一种特殊体位,客运服务人员在拾捡物品、为乘客整理安全带、与乘客进行一对一服务时均需要用到蹲姿。美观的蹲姿,展现了客运服务人员的大方得体。

1. 蹲姿的基本要求

得体的蹲姿要求下蹲时做到上身挺拔、仪态自然、两腿靠近、弯曲膝盖、臀部向下,尽量使身体侧面对着乘客。

2. 蹲姿的常见形式和具体要求

1)高低式

高低式一般指下蹲时一脚在前,一脚在后,两膝一高一低,前脚全脚着地,后脚脚掌着地,以前腿支撑身体。此种姿势男女均可采用,女性采用此姿势时两膝相互靠近,如图3-14所示;男性则保持两膝向前,如图3-15所示。

图3-14 女士高低式蹲姿

图 3-15 男士高低式蹲姿

2）交叉式

交叉式一般为女性专用蹲姿，下蹲时两腿交叉重叠，一腿全脚着地并垂直于地面，双膝交叉，后脚跟抬起脚掌着地，合力支撑身体。如图 3-16 所示。

图 3-16 女士交叉式蹲姿

3. 客运服务人员的蹲姿禁忌

客运服务过程中，服务人员应避免的不良蹲姿如下：

(1) 下蹲时动作幅度大，过急过快。
(2) 背对、正对他人下蹲。
(3) 下蹲时上身摇晃、前倾后仰。
(4) 女士裙装下蹲无遮挡。
(5) 下蹲时弓背撅臀，双腿分开。
(6) 客运服务过程中蹲着休息。

二、客运服务人员站、坐、行、蹲姿训练

(一) 客运服务人员站姿训练方法

1. 背靠背训练法

两人一组,背靠背,脚后跟、小腿、臀部、双肩以及后脑勺相互紧贴。

2. 顶书训练法

头顶平放一本书,保持规范站姿,主要通过保持书本平衡训练头颈动作,如图 3-17 所示。

3. 夹纸训练法

小腿之间夹一张纸,保持规范站姿,主要用于训练腿部动作,如图 3-18 所示。

图 3-17 顶书训练法

图 3-18 夹纸训练法

4. 贴墙训练法

贴墙站立,后脑勺、双肩、臀部、小腿及脚后跟紧贴墙面。

(二) 客运服务人员坐姿训练方法

按照不同要领体会不同坐姿,经常性纠正和调整不良习惯;在高低不等的座椅上联系各种坐姿,每种坐姿保持 10min,养成肌肉惯性,如图 3-19 所示。

(三) 客运服务人员行姿训练方法

1. 直线行走法

沿着地面直线缝隙进行直线行走联系,如图 3-20 所示。

2. 顶书而行法

头顶书本,来回走动保持书本不掉落,旨在训练行走时的头正、颈直,见图 3-21。

(四) 客运服务人员蹲姿训练方法

1. 反复练习法

根据蹲姿的具体要领,对镜反复多次练习,如图 3-22 所示。

2. 顶书训练法

头顶书本下蹲保持书本不掉,旨在纠正下蹲时猫腰缩脖毛病。

图 3-19　坐姿训练

图 3-20　直线行走训练

图 3-21　顶书而行训练

图 3-22　蹲姿训练

课题二　手势、上下车礼仪规范

一、客运服务人员手势规范

手势是通过手和手指活动传递信息的一种极富有表现力的体态语言,是人类表情达意的最有力的手段,在体态语言中占有最重要的地位,客运服务过程中的引导乘客上下车、售票检票等环节均需要用到手势,因此得体适度的手势能很好地展现客运服务人员的良好形象和专业素养。

(一) 客运服务人员手势运用基本原则

在客运服务过程中服务人员的手势应遵循以下几个基本原则,分别是:

1. 简洁明确

客运服务过程中,手势应尽量简洁明了,易于理解且含义明确。

2. 幅度适度

一般而言,手势的活动范围大体可分为上中下三个区域,分别为肩部以上、肩部至腰部以及腰部以下。活动于上区的手势一般表达出积极肯定;中区则表示平静的叙述说明;下区则多表达出消极否定。服务过程中的手势幅度过大略显张扬,幅度过小略显暧昧,故宜采用适中幅度。

3. 自然得体

服务过程中,服务人员手势、表情、语言以及肢体应相互配合,自然得体,手势太生硬会造成与乘客之间的距离感。

(二)客运服务人员常用手势及基本要求

1. 指引手势

客运服务过程中有多处可用到指引手势,如指引乘客上下车、指引车内设施设备、指引车站内道路方向等。指引手势根据指引方位的不同一般可分为横摆式、斜摆式以及直臂式三种,下面以右手为例说明常用指引手势基本要求。

1)横摆式

横摆式指引手势要求服务人员并拢五指,手掌自然伸直,手心斜上方,肘微弯曲,手掌、手腕和小手臂呈一条直线。做横摆式指引动作时右手从腹前抬起,以肘关节为轴向身体右侧摆动直至小手臂与身体正面呈45°~60°角度停止。该手势应用最为广泛。如图3-23所示。

2)斜摆式

斜摆式指引手势要求客运服务人员并拢五指,手掌自然伸直,大小臂呈一条斜线,指尖指向座椅等较低处物品的位置。做斜摆式指引动作时右手从腹前抬起,以肘关节为轴向身体右侧摆动直至大小臂呈一条直线。该手势常用于引导乘客入座或向乘客指引车内地面上的物品。如图3-24所示。

图3-23 横摆式指引手势　　　　图3-24 斜摆式指引手势

3)直臂式

直臂式指引手势要求客运服务人员并拢五指,手掌自然伸直,手掌、手腕、手臂抬起呈一条直线,高度与肩膀一致。做直臂式指引动作时右手从腹前抬起,向指引方向摆去,摆到肩膀高度时停止,肘关节基本伸直。该手势一般用于为乘客指引大致方向或较为隆重的邀请。如图3-25所示。

2. 递接手势

客运服务人员在与乘客进行车票、食品等物品递接时应做到以下几个要点:

1）双手为宜

递接物品时应采用拇指在上、四指在下拿捏物品的姿势双手递接,不方便用双手时采用右手递接以示礼貌,如图3-26所示。

图3-25　直臂式指引手势

图3-26　双手递接物品

2）主动上前

递接物品时应采用走上前或前倾身体的姿势以示主动和热情。

3）方便对方

递交物品时尽量以方便对方为原则,有文字物品递交时文字正面面向对方;递交零碎物品应把零碎物品集中递交,避免造成麻烦。

4）尖刃内向

递交尖锐物品时,勿将尖刃直指对方,并在递交时用语言提醒对方注意安全。

（三）客运服务人员手势禁忌

服务过程中,客运服务人员禁止出现随意指点、摆弄手指、手插口袋等手势。

二、上下车礼仪规范

（一）上车礼仪规范

客运服务中,乘客上车时客运服务人员应在车厢门口乘客左侧位置迎接客户,行15°鞠躬礼,以表示对乘客的欢迎和尊重,并指引乘客上车。

行15°鞠躬礼时要面对乘客,双脚并拢,视线由乘客脸上落至自己脚前1.5m左右;鞠躬时脚跟靠拢、腰部挺直、双脚脚尖微分、向前弯腰速度适中;男士双手置于身体两侧,女士双手叠放在身体前方;面部表情自然,面带微笑。如图3-27所示。

15°鞠躬礼完毕后,面带微笑、目视乘客,做横摆式指引动作,口中话述为:"您好,请上车。"

（二）下车礼仪规范

客运服务中,乘客下车时客运服务人员应在车厢门口乘客右侧位置送别客户,并行30°

鞠躬礼或挥手礼。

行30°鞠躬礼时要面对乘客,双脚并拢,视线由乘客脸上落至自己脚前1m左右;鞠躬时脚跟靠拢、腰部挺直、双脚脚尖微分、向前弯腰速度适中;男士双手置于身体两侧,女士双手叠放在身体前方;面部表情自然,面带微笑。如图3-28所示。

行挥手礼时应注意保持身体挺直,目视乘客,右手手臂向上前伸,掌心向外,指尖朝上,向左右挥动,挥动速度适中。如图3-29所示。

图3-27 鞠躬礼(15°)　　图3-28 鞠躬礼(30°)　　图3-29 挥手礼

三、客运服务人员手势和上下车礼仪训练

(一)手势训练

1. 反复练习法

根据指引、递接等手势的具体要领,对镜反复练习。

2. 情景模拟练习法

根据客运服务实际需要,通过情景模拟和角色扮演法,设定客运服务中引导、递接等场景,将标准手势应用到场景中进行演练。

(二)上下车礼仪训练

根据客运服务实际需要,通过情景模拟和角色扮演法,设定客运服务上下车场景,将标准手势应用到场景中进行演练。

课题三　表情礼仪规范

表情是指人面部形态的变化,是人内心情绪的外在表现,是仅次于语言的一种交际手段,在众多表情中最具表现力的则是人的眼神和微笑。客运服务人员在为乘客服务的过程中,恰当地应用眼神和微笑可以给乘客留下美好亲切的印象。服务过程中,客运服务人员的表情应做到谦恭、友好、真诚、稳重。

一、客运服务人员眼神的规范

（一）眼神的组成

眼神主要由眼神接触时间、接触方向以及眼神变化三要素组成。

1. 接触时间

心理学家研究表明，眼神接触时间通常占交谈时间的30%～60%，并且眼神接触时间长短不同，含义也不同。具体如表3-1所示。

眼神接触时间长短的含义　　　　　　　　　　　　　　　　表3-1

接触时间	眼神含义
注视时间低于全部谈话时间的30%	表示不感兴趣、疲倦乏力或轻视
注视时间占全部谈话时间的30%	表示友好
注视时间占全部谈话时间的60%	表示感兴趣或尊重重视
注视时间超过全部谈话时间的60%	表示敌意或者对对方感兴趣

2. 接触方向

心理学家将眼神接触方向分为3个区域，并用上中下三个三角表示，又称公事凝视区、社交凝视区和亲密凝视区，如图3-30所示。

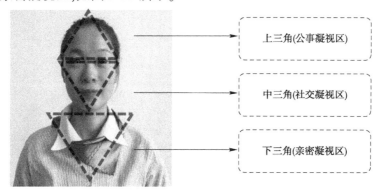

图3-30　眼神接触区域

不同的眼神接触区域试用于不同场合，如表3-2所示。

眼神接触分区　　　　　　　　　　　　　　　　　　　　　表3-2

区域名称	接触区域	试用场合
上三角区（公事凝视）	眼角至额头	公事活动、下级对上级场合
中三角区（社交凝视）	眼角以下至嘴部	社交活动、平级之间
下三角区（亲密凝视）	下巴以下、胸部附近	隐私亲密区

3. 眼神变化

客运服务中服务人员应注意有意识控制自己的眼神变化，避免流露出轻视、悲伤、愤怒等不良眼神，以免影响服务质量。

（二）眼神运用的具体原则

服务过程中，适当地运用眼神可增强与客户间交流的感染力，具体原则如下：

(1)行注目礼时,以热情柔和的目光正视乘客眼部。
(2)与乘客交谈时,目光自然落于中三角区,不宜聚焦一处,宜散点柔视。
(3)视线应与乘客保持平齐,采用正视或平视。
(4)避免长时间进行眼神接触,接触时间宜控制在30%~60%之间。
(5)注意眼神接触位置,避免流露不良情绪。

(三)客运服务人员眼神禁忌

(1)忌长时间盯视或上下打量。
(2)忌挤眉弄眼,眯眼视人。
(3)忌左顾右盼,眼神躲闪。
(4)忌目光斜视,白眼看人。

二、客运服务人员微笑的规范

微笑是全世界通用的语言,是面部最具亲和力的表情,发自内心的微笑是提升好感度的捷径,因此将发自内心的微笑应用于客运服务中可拉近与乘客间的心理距离,满足乘客被尊重、被关爱的心理需要,提升服务质量和满意度。

(一)微笑的种类

根据微笑时嘴巴闭合情况和牙齿的外露情况可将微笑分为含唇笑和开口笑两种,如图3-31所示。

图3-31 含唇笑和开口笑

含唇笑笑容较浅,不出声、不露齿,仅表现为面含笑意;而开口笑则笑容较深,嘴角微微上翘,露出8颗或6颗上齿。需要注意的是开口笑必须要保持牙齿的清洁以示尊重。

(二)微笑的原则

微笑时要做到发自内心地微笑,肌肉放松,嘴角上翘并与口眼眉鼻以及所说语言和身体动作相结合,同时要保持面部表情自然、精神饱满、神采奕奕。

(三)客运服务人员微笑禁忌

客运服务人员在服务过程中应做到亲切自然地微笑,切忌强作欢颜;微笑应具有持续性,切忌突收微笑;切忌微笑时流露其他不良情绪。

三、客运服务人员表情规范训练

(一)微笑训练方法

1. 咬筷训练法

门牙轻咬木筷,嘴角翘起,观察嘴角两端的线与木筷是否水平,保持10s。

2. 发音训练法

经常发出"一""七""嘻""微"等声音,使嘴角上扬,露出微笑。

3. 情绪诱导法

回忆美好事物,诱导发出发自内心的微笑。

(二)眼神训练方法

1. 眼部操分解动作训练法

通过做眼部操,熟悉掌握眼部肌肉的构成,锻炼肌肉韧性。

2. 眼神综合训练法

面对镜子尝试用眼神表达多种情绪,注意眼神的细微变化,记住亲和热情的眼神,并不断加以练习。

3. 眼神模范法

通过观察动物的眼神,模仿动物眼神,如男士模仿雄鹰刚毅稳重的眼神,女士模仿小猫温顺灵气的眼神等。

项目四　客运服务人员服务语言

项目要求

1. 知识目标

了解语言和服务语言的概念,掌握客运服务人员服务语言的基本要求和使用规范。

2. 技能目标

在客运服务过程中正确地运用服务语言,与顾客进行交流时进行适当的语气、语调和语速运用。

3. 素养目标

培养客运服务人员服务顾客的意识,掌握服务语言的运用。

项目描述

语言是人类进行信息交流的符号系统,它包括一切可以起沟通作用的信息载体。在客运服务过程中,通过语言的交流可以充分地反映一个营销人员的能力、修养和素质。学习和掌握客运服务的语言艺术既是营销工作职业性质的要求,也是赢得顾客、占领和扩大市场、提高营销经济效益、树立汽车服务行业社会形象的需要。本项目所包含的主要内容是客运服务人员在营销过程中,需要掌握的营销服务语言的基本要求、营销过程中服务语言的合理运用以及在运用过程中合理地把握语气、语调和语速。

该项目重在技能训练,主要训练客运服务人员服务语言应用的基本礼仪和技巧。

建议课时

6课时。

课题一　客运服务服务语言

语言,是人类特有的用来表达思想、交流情感、沟通信息的工具。运用语言进行认知和交往活动,是人类特有的能力。

一、语言

(一)语言的概念

语言具有狭义和广义两个概念。狭义的语言,是指有声的语言,即口语,通常称之为"说话"。它是由语音、语义、词汇、语法等要素构成的表情达意的结合体。

广义的语言,不仅包括口语,还包括用文字记录下来的口语,即书面语,以及伴随口语而出现的体态动作,即体态语。

事实上,语言作为日常生活或工作中的交际工具,是指口语、书面语以及体态语在具体的社会环境、交际场合中,独立且综合地实现交际活动的意义、价值和作用。其中,口语是交流的主要工具,书面语是辅助性工具,体态语是伴随性工具。三者各具特色,相互制约,相互影响。口语最灵活、最直接,诉诸于人的听觉;书面语更广泛、更明确,呈现于人的视觉;体态语则较含混、较隐蔽,作用于人的视觉和心理。

(二)语言的作用

1. 传递信息

信息是一种在利用中不断增值的永久性资源。在社会生活中,人们通过语言实现信息的交换和利用,从而创造新的价值,促进社会文明的发展。

2. 交流思想

语言是思想的直接现实。在人际交往中,语言是思维的物质外壳,借助于语言这个媒介,人们可以相互传达认识、陈述见解、交换看法,或者进行独立思考、深入分析、广泛理解和综合判断。

3. 表达情感

在人际交往过程中,通过信息传递和思想交流,交际双方都会产生一定的情感体验。它表现为感情共鸣和情感排斥两种状态。

二、服务语言

(一)服务语言的概念

在任何的服务行业或行业服务过程中,相关人员(服务人员或营销人员)对顾客进行服务(营销)时所运用的语言都可被称为服务语言。

服务语言的范围十分广泛,它即包括基本礼貌用语,也包括专业的营销用语和技术用语等。

(二)服务语言的种类

服务语言主要可以分为无声的服务语言和有声的服务语言两类。

1. 无声的服务语言

无声的服务语言包括形体语言和手势语言、表情语言等,具有间接、含蓄、直接的特点,能辅助有声的服务语言。在服务过程中,服务人员和顾客面对面,除有声的服务语言外还可以借助无声的服务语言来增加、补充甚至强化要表达的内容。有些细小的无声的服务语言所产生的实际效果是用再多的有声语言也难以达到的。例如:服务人员对顾客充满亲和力的微笑、柔和的眼神、关怀的手势等。

2. 有声的服务语言

有声的服务语言主要是指服务人员的口语,它具有直接、准确、迅速及易于理解的特点。

(三)常用的服务语言类型及要求

1. 称呼

称呼是指当面招呼对方,以表明彼此关系的名称。根据各个民族习惯、语言、社会制度的不同,对服务对象的称呼也要不同。按照服务礼仪的规则,服务语言中的称呼要注意以下几点:

(1)初次见面的服务对象,用"您"而不是"你"以示谦虚与尊重。

(2)通常对男士称"先生",对女士称"小姐"或"女士"。(未婚者称"小姐",已婚者称"女士")

2. 问候语

服务人员应当对进入服务范围的服务对象主动进行招呼和问候。问候是服务语言中的重要环节。作为问候语,服务人员应当根据见面时的情景和彼此的关系进行互相问候,一般来说,服务语言中的问候语有"您好""你好""早上好""下午好""晚安"等。

问候语要求简单明了,不受场合的约束,给服务对象以亲切之感。问候时服务人员应当面带微笑,表情自然、和蔼、亲切。在服务对象对服务人员发出问候时,要热情予以回应,不能毫无反应和表示。

3. 感谢语

当服务对象予以服务人员帮助和配合时,服务人员应当对服务对象表示感谢。一般使用的感谢语言有"谢谢""麻烦您了""非常感谢"等。在感谢时,根据实际情况还可以说明原因,例如:"感谢您的配合""谢谢您给我们提供的建议"等。在使用感谢用语的过程中,服务人员还应当以热情的目光注视对方,以示真诚。

4. 道歉语

当服务对象的需求无法予以满足,或者招待不周等情况下,服务人员应当及时地进行道歉。一般使用的道歉语言有"对不起""很抱歉""真是不好意思"等。同时,服务人员的语气要谦和,态度恭敬。

(四)服务语言使用的基本要求

(1)服务语言要亲切。

(2)服务语言要朴实。

(3)服务语言要真诚。

(4)服务语言要准确。

(5)服务语言要简练。

(6)服务语言要文明。

三、客运服务服务语言

(一)客运服务服务语言的规范运用

在客运服务工作中,服务语言的规范运用是对客运服务人员语言的基本要求。客运服务人员要让顾客可以接受你向他推荐的产品或服务,首先必须通过服务语言使顾客得到尊重并获得精神上的满足,其次才能进行进一步的营销工作。因此,一个客运服务人员对服务语言的运用,即能体现出他的营销水平,又直接反映其所在企业的总体精神文明状态。所以,客运服务人员在自己的工作岗位上,必须运用好服务语言并自觉遵守有关的服务语言要求和规范。

(二)客运服务服务语言的基本要求

客运服务服务语言的基本要求见表4-1。

客运服务服务语言的基本要求　　　　　　　　　　　　　　　　表4-1

语言	基本要求
声音优美、使用敬语	咬字准确、发音清晰,力求声音悦耳动听,有感染力和吸引力;音量适度,以顾客能听清楚为好;多用礼貌语言,语调亲切热情
表达恰当	与顾客交流时,说话力求语言的完整、准确、贴切,要注意选择准确、规范的词句,力求言简意赅
表情自然、举止优雅	在客运服务过程中"说"的时候,要注意和肢体语言的配合,要保持微笑和目视顾客的三角区域,以表示尊重。不要指手画脚,眉飞色舞

(三)客运服务人员的服务语言规范

客运服务人员的服务语言规范见表4-2。

客运服务人员的服务语言规范　　　　　　　　　　　　　　　　表4-2

语言	规范
通俗易懂	使用普通话。对汽车产品和交易条件的介绍必须简单明了,表达方式必须直截了当。熟悉和使用不同顾客所特有的语言和交谈方式
尊重客户	使用敬语,措辞谦敬委婉,多用征询式、商量式的语气进行交谈。在交谈时,面带微笑,态度和蔼,说话亲切,语气柔和,切不可使用命令和指示的口吻
切境互动	鼓励顾客说话,根据实际的情境选择与顾客进行交流的语言方式,实现与顾客交流思想的过程。通过互动了解顾客的基本情况和真实需求,切忌"唱独角戏"

(四)客运服务人员的基本服务语言

客运服务人员的基本服务语言见表4-3、表4-4。

客运服务人员的基本服务语言　　　　　　　　　　　　　　　　表4-3

服务用语	情境图例及用语举例
迎宾用语	当旅客进门时,客运服务人员应当主动迎接,以表示对旅客的尊重。同时,可以配合体态语言进行招呼引导。如:面带微笑,对旅客点头致意等。 基本用语一般为肯定语句 基本用语:"您好""欢迎您"

续上表

服务用语		情境图例及用语举例
友好询问用语	客运服务人员和顾客进行交流时,应当尽量采用征询、协商的口气,鼓励旅客讲话,从中获得旅客实际需要的信息。 基本用语一般为疑问语句	基本用语:"您好,请问您需要什么帮助?""您好,请问您要购买去往哪里的车票?"
招待介绍用语	客运服务人员对顾客进行招待和介绍时,对顾客提出的疑问和需求应当耐心解释,正确引导顾客,用语要多运用叙述的方式来进行表达	基本用语:"您好,如果您有不明白的地方,我可以帮您。""我现在把购票流程给您做个介绍,您看可以吗?"

客运服务人员的基本服务语言　　　　　表4-4

服务用语		情境图例及用语
道歉用语	针对不同的实际情况而使用。对旅客服务不周到,应对顾客说"对不起"或"对不起,请原谅"; 　让旅客等候之前应说"对不起,请稍候";让旅客等候之后应说"对不起,让您久等了"; 　未能立即为旅客提供服务或顾客需要的产品不能立即到位时,应对旅客致歉并予以解释	基本用语:"您好,对不起,因为车辆晚点了,让您久等了,现在您可以检票上车了。""对不起,请您稍候一下""对不起,去往××地的车票已经卖完了,您看看还有别的需要吗?"

续上表

服 务 用 语	情境图例及用语
送客道用语	根据旅客在现场的情况不同进行。当旅客上车或者下车出站离开时,客运服务人员应说:"再见,请走好/请慢走,祝您旅途愉快""祝您一路顺风"等 基本用语:"祝您旅途愉快!""再见,祝您一路顺风!""再见,请慢走,祝您一路好新心情!"

四、客运服务人员常用礼貌语言和服务忌语

客运服务人员常用礼貌语言和服务忌语见表4-5。

客运服务人员常用礼貌语言和服务忌语　　　　　　　　　　　表4-5

语　　言	常用、忌用语句
礼貌语言	①您好。②请问…。③您有什么需要帮助的吗?④谢谢。⑤请稍等。⑥不客气。⑦再见。⑧您走好。⑨对不起。⑩对不起,去往某某地方的车票已经售完,请您明天再来。⑪好的,马上就来。⑫您还需要什么其他别的服务吗?⑬您的满意就是对我们最大的奖赏。⑭麻烦您…。⑮您太客气了。⑯您过奖。⑰祝您愉快。⑱祝您一路顺风。⑲祝您一路平安
服务忌语	①哎!买什么?②你买吗?③你不会看吗?④不买就别问。⑤到底要不要,想好没有?⑥不买看什么?⑦哎!快点付钱。⑧有没有钱买?⑨有完没完?⑩你快点,到底去哪里?⑪喊什么?等会儿。⑫没看我正忙?着什么急。⑬不知道,不要问我。⑭你问我,我问谁?⑮有发车时间,你自己看。⑯怎么不提前准备好?⑰交钱快点。⑱你才买,为什么要退票?⑲谁卖你的,你找谁。⑳不是告诉你了吗?㉑我就这态度,你能怎样?㉒你管不着。㉓有能耐你去告,随便告哪都行。㉔神经病

五、客运服务人员服务语言使用技巧

服务工作是客运服务工作过程中的一个重要环节。面对各种各样的顾客,这项看似很平常的工作环节,实际上却关系到企业形象、信誉以及进一步发展的问题。因此,客运服务人员必须采取积极的态度,讲究营销服务艺术,尤其是要注意服务语言的使用技巧,把"主动、热情、耐心、周到"贯穿到整个营销服务的每一个环节中,努力提高客运服务服务工作的水平。

(一)客运服务人员营销服务过程中的语言技巧

1. 引导问好式

客运服务人员在迎接顾客的过程中,如果可以在对顾客问好的语言后面加上一些与情

景或生活等相关的话语做一个简单的引导,就会在顾客的心里留下一些不同的印象。

例如:

与行李物品有关:"您好!您的行李太多了,您看要不要给您打包一下,便于您携带?"

与出行相关:"您好!您是去哪里?哦,请您前往第3检票口……"等。

这些简单的问候不仅更加人性化,同时也在第一时间向旅客阐述了一种新的信息,继而让旅客能对具体内容产生兴趣。由此可见,简单的几句特色语言添加可以给旅客与众不同的感觉,让旅客对客运服务记忆深刻。

2. 交换沟通式

客运服务人员在面对顾客时,要以主动积极的心态去照顾好顾客。同时面对好几位顾客时,要进行及时的交换沟通。比如当一名顾客对产品进行询问,客运服务人员正在进行相应解释时,又进来了一名新顾客。这时,我们应主动告知眼前的顾客:"对不起,请您稍等一下。"得到顾客谅解后立即转向新来的顾客:"您好!您先看看喜欢哪款车型!"同时要及时地把产品介绍拿给顾客,让他能先从资料上了解产品。营销人员再返回前面的那名顾客前继续进行沟通:"这位……,您看您还有什么问题?"直到顾客可以给出结果后,客运服务人员必须立即转到新来的顾客那里,对顾客表达歉意:"对不起,让您久等了。"只有这样进行适时地交换沟通,你才会发现,每一位顾客都能在你的掌控范围内,而不是顾此失彼。

3. 主动应答式

应答就是回答。客运服务人员回答顾客的问题,看起来是被动的,但实际上可以变被动为主动。比方说,顾客对产品进行询问:"这款车是最新上市的车型吗?"这时,我们要先做出回答,然后变被动为主动:"是的,先生,您对我们品牌的车型很了解是吗?"如此,一个探询需求的问题就推给了顾客。如果我们直接回答顾客:"是的,这是最新的。"或者"没错。"那么,很可能与顾客就不能有下一步的交流了,同时也丢掉了进一步探询顾客需求的机会。作为客运服务人员,首先要掌握的就是顾客的需求,要随时通过"问"的形式来引导我们的顾客。有的顾客可能会问:"你们这款车的质量怎么样?"对此,我们可以这样回答:"这款车质量很好啊,销量很不错,您是第一次了解我们这款车吧?"这又是一种"问"的方式,有效引导我们的顾客。而不是顾客走到哪里跟到哪里,只有有效地引导顾客的需求,满足顾客的需求,才能实现销售的成功。这就是主动进行应答式语言使用的技巧。

4. 迂回式

迂回式就是要创造一种朋友见面的愉快的场景,互助地交流沟通,不是直接切入销售的话题,而是采取迂回的策略,从其他话题引入。

(1)利用生活场景创造和谐的沟通氛围:"先生,今天心情不错嘛,有什么好事情啊?"

(2)利用叙旧方式,表示对顾客记忆深刻:"先生,您很眼熟啊,我记得您上次和您夫人来过……"

(3)利用恭维赞美方式,让顾客心情愉悦:"先生,这是您的女儿吧,真好看!"

除了以上几点以外,客运服务人员应该还能通过很多话题引入销售,在交谈中,看似平常的聊天内容实际上是在与顾客建立良好的愉快的谈话氛围,从而使得顾客能建立信任感,实现销售的最终目的。

(二)客运服务服务语言多用肯定忌用转折

在客运服务服务语言使用时,不论客运服务人员前面讲得多好,如果后面出现了"但是",就等于将前面对顾客所说的话进行否定。所以,客运服务服务语言中应该尽量避免出现使用"但是"。在沟通中有一个很重要的法则叫做"Yes Yes But",即"是,是,但是"。这等于什么?等于"不"。很多人都认为,以前很婉转地表达不同观点的最好方式是"Yes Yes But"。可是对于服务对象而言,一个客运服务服务人员说"但是"就等于把前面说的话全都否定了,所以顾客感到这是一种很自相矛盾的语言表达。比如客运服务人员对顾客说:"旅客们,开往某某地方的车5分钟开始检票,不过……","不过"什么?"不过"就把前面说的那句话又收回来了。因此说现在比较忌讳说"但是怎么怎么样",不要让顾客感觉到你的语言表达有前后矛盾的感觉。

(三)客运服务服务语言要多用谦语和敬语

在客运服务人员进行营销服务过程中,无论针对怎样的顾客、怎样的情况,多用谦语、敬语都是合理正确的。客运服务人员在给顾客提供服务时,必须要做到"请"不离口。以下例句是对谦语和敬语的使用进行的示范。

例如:
当与顾客谈话需请顾客说话时,应说:"请讲。"
当顾客对我们表示歉意时,应说:"没关系,谢谢。"
当顾客向我们表示感谢时,应说:"不客气,这是我应该做的。"
询问顾客姓氏时,应说:"请问我可以怎样称呼您呢?"
当发现顾客在观望、徘徊时,应主动上前询问:"您好,请问,有什么事需要我做吗?"

课题二 客运服务服务语言的语气、语调、语速

在客运服务服务过程中,客运服务人员与顾客进行交流,注意依赖语言。客运服务人员在服务过程中,要时刻保持良好的工作状态,说话要注意抑扬顿挫,达到缓和有力的最佳效果,从而使顾客产生如沐春风的感觉。因此,客运服务人员在与顾客进行语言交流的过程中,要想吸引顾客的注意、引起顾客的共鸣,就必须在服务语言运用时注意语气、语调、语速三方面的配合。

一、客运服务服务语言的语气

(一)语气

1. 语气的定义

语气就是说话的口气。它既存在于书面语言之中,更存在于口头语言之中。在书面语言里,作者语气要通过读者的视觉引起思维才能感受、认识、体会。而口语表达中的语气,将句式、语调、理性、词采、音色、立场、态度、个性、情感等融为一体,由说话者直接诉诸于听众

的听觉,听众当即就可直观地感受到,因而,它对口语表达的效果产生直接的、立竿见影的影响。语气之强弱、长短、清浊、粗细、宽窄、卑亢等变化,均能产生不同的声音效果。

2. 语气运用的一般规律

有了恰当的语气,才能使听众具有形象色彩、感情色彩、理性色彩、语体色彩、风格色彩;有了恰当的语气,才能增强语言的魅力,才能恰当地表达思想感情,才能调动听众的情绪,才能引起听众的共鸣。

语气是多种多样的,无论从表达主体和听众的关系来看,还是从表达主体的心境和思想感情来看,或者从表述内容和方式来看,它都是丰富多彩的,因人、因事、因时、因地而不同,变化多端,气象万千。在说话过程中,语气永远不会是单一的,常常出现几种语气交替出现或结伴而行的现象。不过,在综合运用多种语气的过程中,还是有主次之分的,主要的感情色彩造成主要的语气色彩,即语气的基调。同时,又要适时根据内容、感情、对象等的变化,选择调控自己的语气,使之恰如其分。

总之,语气要服从内容,语气要看对象,语气要质朴自然,贴近生活(表4-6)。

语气运用的一般规律 表4-6

语气运用	例　句	语气运用	例　句
爱则气徐声柔	我爱妈妈!	惧则气提声抖	我,我再也不敢了。
憎则气足声硬	我恨你!	急则气短声促	不好了!不好了!月亮掉到井里了。
悲则气沉声缓	唉!太惨了。	冷则气少声淡	啊,我早就知道了。
喜则气满声高	啊!我们终于胜利了。	怒则气粗声重	你给我滚!

(二)客运服务服务语言的语气

1. 客运服务服务语言的语气类别

对于客运服务服务工作而言,说话的语气比说话的内容更重要。一个优秀的客运服务服务人员对顾客说话时应尽量采用亲切柔和、自然轻松的语气。依照语气的一般类别,客运服务服务语言的语气使用类别可参照表4-7。

客运服务服务语气的类别 表4-7

类　别	作　用	使用举例
陈述语气	营销人员最常用的语气。比较平易近人,顾客容易接受	顾客:"这款车看起来不错。" 客运服务人员:"您很有眼光,这款车采用了今年最流行的……,设计更加合理、科学。"
一般疑问语气	营销人员可以通过提问的方式找到顾客的诉求点,打消顾客疑虑,节省营销时间	客运服务人员:"您比较喜欢什么颜色?我们这款车有黑色、蓝色、红色三种色系。" 顾客:"红色的吧。"
反问语气	通过反问顾客可以增强感情,加强语言的鼓动性。但切记蛮横、粗野	客运服务人员:"您是先看看还是我着重给您介绍一下呢?"
命令语气	请求顾客配合或做某事时,要礼貌、客气,不能发号施令	客运服务人员:"为了您的用车安全,我需要给您提供几条建议。"

2. 客运服务服务语言语气使用的一般要求

1）因地而异,注意场合

对于客运服务服务语言而言,场面越大,越要注意适当提高声音,放慢语速,把握语势上扬的幅度,以突出重点。相反,场面越小,越要注意适当降低声音,适当紧凑词语密度,并把握语气的下降趋向,追求自然。场合不同,运用的语气也应不同。在与服务对象谈话的场合要根据情况使用不同的语气。

2）因时而异

同样一句话,在不同时候说,效果往往大相径庭。运用适当的语气,才会产生正确有效的效果。

3）因人而异

客运服务人员驾驭服务语言的语气最重要的一条是因人而异。客运服务服务语言的语气能够影响顾客的情绪和精神状态。语气只有适应于听话者,才能同向引发,如,是喜悦的会引发出对方的喜悦之情,是愤怒的会引发出对方的愤怒之意;服务语言的语气不适应于顾客,则会异向引发,如生硬的语气会引发出顾客的不悦之感,埋怨的语气会引发出顾客的满腹牢骚等。判断说话语气的依据是一个人内心的潜意识。客运服务服务语言的语气是有声服务语言的最重要的表达技巧。只有掌握了丰富、贴切的服务语言的语气,才能使汽车服务营销人员的思想感情处于运动状态,不时对顾客产生正效应,从而赢得营销的成功。

二、客运服务服务语言的语调

（一）语调

1. 语调的定义

字有字调,句有句调。我们通常称字调为声调,是指音节的高低升降。而句调我们则称为语调,是指语句的高低升降。所以,语调是指说话时语音的高低、升降以及轻重虚实的变化。语调是语言表达中的第二要素。语调能突出重点,加强语气,增加感情色彩,还可以起到修饰语言的作用。语调根据表示的语气和感情态度的不同,可分为四种:升调、降调、平调、曲调。

2. 语调的表现形式

(1)升调:情绪亢奋,语流运行状态是由低到高,语尾音强而向上扬起。一般用于提出问题、等待回答时,用来表示疑问、反问、惊异等语气。如客运服务人员向顾客询问意见时。

(2)降调:情绪稳定,语流运行状态由高到低,语尾音弱而下降。一般用于陈述句、肯定句等,用来表示肯定、坚决、赞美、祝福等感情。如客运服务人员向顾客介绍产品时。

(3)平调:情绪沉稳,语流运行状态基本平直,语尾和语首差不多在同一高度。一般用于庄重严肃、思索回忆的时刻。如客运服务人员同顾客进行谈判的时候。

(4)曲调:情绪激动或情感复杂,语流运行呈起伏曲折状态。多用于语意关联、言外有意、幽默讽刺等语句中。客运服务人员应予以避免使用这种语调。

（二）客运服务服务语言禁用语调

客运服务服务语言禁用语调见表4-8。

客运服务服务语言禁用语调　　　　　　　　　　　表4-8

语调	示例	点评
烦躁的语调	顾客："还有赠品吗？" 客运服务人员："你是买汽车还是要赠品来了，没有没有！"	顾客不是客运服务人员的垃圾情绪收集站，即使客运服务人员的心情不好，也要耐心对待顾客
嘲讽的语调	顾客："这款车的价格还可以优惠点吗？" 客运服务人员："你说还要怎么优惠啊？买不起就别来买。"	嘲笑顾客是客运服务人员的大忌，也是对人极不尊重的表现，并且会激化矛盾，最后只会不欢而散
傲慢的语调	顾客："你怎么这样啊！" 客运服务人员："我喜欢怎样就怎样！你有什么资格跟我说话！"	这样咄咄逼人的语言是无法对顾客进行"服务"的

三、客运服务服务语言的语速

（一）语速

1. 语速的定义

语速就是说话的速度。交谈中，听的速度要比说的速度快。如果说话的速度过慢，经由耳朵传到大脑的信息间隔时间长，即会导致思想开小差；另一方面，人们"感知"速度又比说话速度慢，如果语速过快，吐词如连珠炮，经由耳朵传至大脑的信息过于集中，又会使人应接不暇、顾此失彼，甚至搞得人精神紧张。

2. 语速的运用要求

1）语速服从谈话的内容

①说明性语言用正常语速。

②叙述性、描写性语言用较慢语速。

③议论、抒情性语言要或快或慢。

2）语速与谈话语言的形式特点相结合

散乱的冗长的谈话语言内容和发音拗口的词汇，不宜太快；而整齐的富有韵律色彩的谈话语言，说得快些，才听得顺耳。

（二）客运服务服务语言的语速

在客运服务过程中，过快和过慢的语速都会导致客运服务人员与顾客的交流失败。客运服务人员在工作中要尽量保持中等语速，即每分钟讲100～120个字为最适宜，以圆滑顺畅为第一原则。

1. 客运服务服务语言的语速表现

客运服务服务语言的语速表现见表4-9。

项目四　客运服务人员服务语言

客运服务服务语言的语速表现　　　　　　　　　　　表 4-9

语速	种类	表现
较快	视觉型	只顾自己说话,语言毫无逻辑可言,没有中心思想,让顾客无所适从
较慢	感觉型	与顾客交流时总是落后一拍,反应迟缓,不够灵敏
快慢适宜	听觉型	与顾客交流时能迅速融合到顾客说话的语速中,形成互动性强的交流氛围

2. 决定语速的各种因素

1）产品介绍的专业性要求

产品介绍的专业性要求直接影响客运服务人员说话的语速。当客运服务人员对顾客讲述相关产品的专业术语或名词时,需要降低语速,尽量让顾客能听清楚,并对专业术语进行适当的解释。

例如：

"先生,我们这款车的前风挡玻璃是暗色的防紫外线玻璃,和传统的绿色隔热玻璃相比它的最大不同点是其把太阳光和紫外线反射掉,而不是吸收。它可以反射掉太阳光和紫外线的 31%,所以它与传统的绿色隔热玻璃相比,头部的空气温度可以降低 5℃,仪表板的温度可以降低 11℃,这样大大增加了您夏天开车的舒适性。您说是吗？"（慢速）

2）不同的情绪、心理状态

情况紧急、工作紧张,心情焦急、慌乱、热烈、欢畅,需在较短时间内表达主要意思时,语速就应当快些；表示致歉、遗憾,心情沉重、悲痛、失望、惋惜,需要安抚对方向对方进行解释时,语速就应当放慢了。

例如：

"先生,非常荣幸能为您服务,恭喜您成为了我们的车主。您也非常幸运地成了我们的第 1000 名车主,我们将赠送给您价值 5000 元的礼包一个,希望它能给您的爱车锦上添花。"（语速宜快）

"先生,非常遗憾,如果您今天不能交订金的话,您不能参加我们的这次购车抽奖活动。不过没关系,我们店经常会有回报客户的优惠活动,希望您能继续支持和选择我们的品牌和车,也希望我们能给您的生活带来更多的便捷！"（语速宜慢）

3）不同的谈话内容和谈话方式

在销售过程中,客运服务人员和客户的谈话内容和谈话方式也会改变和影响语速的快慢。辩论、争吵、急呼,语速宜快；闲谈、聊天等,语速宜慢。

示例 1：

销售人员："先生,很抱歉！我们不能再有价格的折扣优惠了。"

客户："不可能吧,我朋友上个星期买你们店的车明明就便宜了 1 万元。"

销售人员："先生,您看汽车的销售情况每天都可能发生变化的,我们的价格也是根据市场行情每天在进行调整的。您今天来买是这个价格,明天来买的话价格和今天也不一样了,优惠活动也会不一样的。"（语速宜快）

示例 2：

销售人员："先生,您的眼光真不错,这款车是我们店里现在卖得最好的一款,客户的反响很好,您是做什么行业的呢？"（语速宜慢）

客户:"我是做……"

4)不同的年龄、性别的客户

一般来说,客运服务人员要视客户的年龄和性别来决定语速的快慢。如果客户是老人或文化水平不高者,语速要适当放慢;如果对方年轻,听辨能力强,或者是个急性子,语速应适当加快。但大多情况下,还是以中速为宜。

3. 客运服务服务语言的语速要求

(1)咬字清晰,保持中速。

(2)每分钟 120~150 字。

(3)尽量匹配顾客的语速和情绪。

(4)根据与顾客所谈话的内容进行调整。

四、正确运用客运服务服务语言的语气、语调、语速

(一)与顾客的语速、语调相协调

不同的顾客声音各有特点,客运服务人员应该尽可能主动适应并相应改变尊敬的声音,与顾客的声音相协调,让顾客更有亲切感,感觉你们是"同类人"。

1. 顾客语速较快、语调较高

当顾客讲话速度快、音调高时,如果自己说话速度较慢,音调较低,则自己就要适当加快速度,在适当的地方提高音调。

2. 顾客语速适中、语调有起伏

当顾客语速比较适中,语调高低起伏、抑扬顿挫时,自己也要控制语速,将语调适当调成高低起伏的状态。

3. 顾客语速慢、语调较低

当顾客语速较慢,音调比较低沉,并时有停顿,自己也必须将自己的语速变慢,将音调适当变得低沉一点,以与他们的节奏相协调。

(二)自然而不生硬

客运服务人员在进行与顾客交流时要做到沟通自然而不生硬,必须对所要说的内容非常熟悉,并对顾客可能的提问也要有所设想并总结出理想的说辞。只有这样,才有可能做到自然。

(三)语言富有感染力

有感染力的讲话时灵活而生动的。客运服务人员在使用服务语言进行沟通时,表述尽量不要带有"很""肯定"等"绝对性"的词语,而采用中性词,否则给人是不可信的。

(四)语速要有变化

语速的变化会让人有一种抑扬顿挫的感觉,听着更有声音的美感,更容易让人集中精力倾听。

（五）音量要有大小

音量的大小要根据不同的沟通环境和内容进行不同的调整。在重要的词语、数字及转折词上应当加大音量，以示强调。在向顾客表达祝贺、祝福类的话语时，也同样要适当加大音量，以表达喜悦的心情。

（六）话语要有停顿

不停地讲述容易引起顾客的疲劳和注意力的分散，继而引起顾客的反感情绪。而话语的适时停顿，可以留给对方思考和发表意见的机会，特别是表述重要的内容时，在表达重要的词语、数字时适当停顿，无疑是在提醒对方注意。

总之，客运服务人员在服务语言的运用过程中，要时刻保持良好的心态，对顾客进行正确的信息传递，实现与顾客良好沟通的目的。

课题三　客运服务服务语言的特点

一、客运服务用语

客运服务用语是客运服务人员在客运站和客车上作业时使用的基本服务用语，主要适应客运服务作业的一般过程和基本内容的需要。

（一）对服务用语的基本要求

（1）服务用语应使用普通话，少数民族地区可以同时使用普通话和民族语言，对外国旅客可以使用外语。语言应简练、通俗易懂、举止庄重、态度和蔼、口齿清楚、微笑服务。

（2）对旅客统一称呼为"各位旅客"，个别接触时可以称呼为："您""同志""大爷""大娘""小朋友""先生""女士""小姐"等。在服务工作时，应坚持礼貌原则和尊重原则。

（3）统一使用"请，您好，谢谢，对不起，再见"十字文明用语。

（二）语言艺术

1. 谈吐文雅，和蔼可亲

谈吐文雅，是指客运服务员说话要文明，有礼貌，不允许出言不逊，粗俗无礼，对旅客采取冷、硬、顶的态度。和蔼可亲，给人温暖的感觉，使旅客愿意接近。谈吐文雅，和蔼可亲，才能赢得旅客的好感。

2. 语言准确，实事求是

语言准确，实事求是，是尊重旅客、对工作负责的表现。客运服务要求安全、及时、迅速，在客运服务中与旅客交流、宣传、处理业务时，必须用词准确，吐字清楚，逻辑严密，实事求是。否则，可能会影响旅客出行。

3. 语言简练，通俗易懂

语言简练是指说话干净利落、不拖泥带水。客运工作时间性强，作业过程短且快捷，故

客运服务用语必须简洁明了,不说啰唆话,同时又要注意语言的周密。通俗易懂是指与旅客说话时要使用大众化的语言,用口语表述。客运服务用语最重要的是让旅客听明白、听懂。客运服务对象的文化水平参差不齐,某些专业性语言或书面语言,可能会让有些旅客一知半解,引起误会,给出行带来不便。所以,客运服务人员在服务时应注意使用通俗易懂的口语。

4. 注意语气语调,避免争论

客运服务员在表达方法上应注意语气语调。语气语调应使人感觉友好、和善、亲切。在与旅客谈话时,宜用征求、商量的语气,如当未听清对方的话时,可以说"对不起,我没听清楚,能不能麻烦您讲得慢一点";当需要制止旅客某种行为时,可以用劝告、建议等语气;当赞成旅客的建议或要求时,可以用"好的""可以"等肯定短语答复;在拒绝时,可以采用"对不起""很抱歉"等歉意词,并做出解释等。友好、亲切的语气语调更容易与旅客沟通,使旅客接受。

和旅客说话,注意不要在言语上与旅客发生争论、抬杠,要避免发生口角。否则将不利于客运工作的开展。

5. 讲普通话,会多种语言

客运服务对象来自不同的地区,为了避免方言带来的误会与不便,客运服务人员应当使用普通话,这是做好服务工作的重要条件。

此外,客运服务人员也可以根据需要掌握一些邻近地区的方言,一些少数民族地区语言、哑语、一般日常外语等,以便更好地为旅客服务。

(三)服务岗位语言

一般客运服务用语是实行一定规范的语言,一般是按照具体的客运服务作业流程、内容和岗位要求,分别使用不同的客运服务用语。如进站迎门服务中可以使用"您好,欢迎来我站乘车""您去什么地方?请您到×号窗口购票"等语言。

二、形体语言与微笑服务

(一)形体语言

形体语言是通过人的动作和表情等来表现思想感情的语言符号。它是一种非肢体语言,也就是人们常常用一个眼神、一个表情、一个微小的手势来传递其内心世界的表征。形体语言比口头语言更丰富、更生动、更真实地表达内心世界,比语言更含蓄。

1. 充分利用目光交流

眼睛是心灵的窗户,一个优秀的客运服务人员必须保持充沛的精力,使双目炯炯有神,给旅客一个精力充沛、生机勃勃的印象。利用目光主要是利用目光接触,通过目光接触使旅客有一种被重视、被认同、被理解的感觉,通过目光接触了解旅客的心情、需求和感受。目光接触运用通常要掌握以下几个方面:

(1)注视方式(或视线):根据服务时的具体情况来定。当旅客来到服务人员的面前或倾听讲话时,应采用"正视"的方式,即两眼平视向前,注视对方两眼与嘴鼻的"倒三角区",以示尊重,并用礼貌语表示欢迎;当旅客从较远处走来,应采用"平视"目光,做好热情迎接的准备;当多方旅客同时走来,应采用"环视"的目光,顾及每一位旅客;当坐着聆听站立着的旅客讲话时,应采用"仰视"的目光,即稍稍向上看着对方的脸部,以示谦恭和对谈话的兴趣;当为旅客递接物品时,应采用"直视"的目光,注意到双手与物品递接的动作。

(2)注视部位:在服务中客运服务人员的目光,应投放在旅客的"倒三角区",并以散点柔视为宜。客运服务人员注视这个部位,以示"目中有人",真正做到对旅客的重视和尊重。同时,以明亮的双目,辅以真诚的微笑,对旅客做无声而亲切的感情交流;注视这个部位,还可以随时发现旅客的眼神与面部表情的变化,灵活应变地及时开展更主动、周到的个性服务。

(3)注视时间:在客运服务中,要想得到旅客的信赖,在整个沟通时间里,服务员与旅客目光的相接触时间,累计应达到50%~70%,其余30%~50%时间,可注视旅客脸部以外5~10cm处,这样比较自然、表达适度。要注意避免表达过度和表达不充分。表达过度,用锐利的目光盯着对方,使人不敢正视,令人感到紧张和不安。表达不充分,当旅客走近时,不与旅客进行目光接触,旅客可能会理解为客运服务人员不愿意与他打交道。

2. 空间距离

心理学认为,人们交往时所保持的空间距离就是人们心理上的距离。当两个陌生人距离过近时,双方都会有不适应的感觉。人类学家霍尔把沟通中的人际距离划分为四个区域:亲密区,0~46cm之间,这是指最亲密人之间的交往区域,一般排斥第三者介入;熟人区,46~120cm之间,指好友间的交往区域;社交区,120~360cm之间,指双方不很熟悉,仅是泛泛之交的社交区域;演讲区,指360cm以外的区域。空间距离不是一成不变的,客运服务员在服务时应根据具体情况而定。

对于旅客来说,由于候车、乘车等服务空间狭小,人们平时正常个人活动空间一般很难得到满足。人们在这种场合大都遵守一种特殊的规矩,不会对这种不快做出反应。从客运服务角度来说,出现旅客拥挤的现象,只要不影响到客运作业,客运服务人员都要保持高度容忍的态度。理解旅客,应当有一种歉意感,并积极帮助旅客排忧解难,提供更加周到的服务。

(二)微笑服务

面部表情是人的内心情感在面部上的表现。通常人们通过面部表情传递自身的"喜、怒、哀、乐"。在人际交往和服务时,表情应以喜、乐为主调,微笑是人类最美好的语言。"微笑"是一个人的最佳精神面貌状态,是自信的象征,是礼貌的表示,是心理健康的标志。在各种场合恰当地运用微笑,可以起到传递情感、沟通心灵、征服对方的积极心理效应。

"微笑服务"更是一种特殊的情绪语言,是服务工作的润滑剂,是服务人员与旅客建立感情的基础,也是服务行业的职业道德的重要内容。它可以代替语言上的欢迎,稳定旅客心理。在客运服务中,可以在开口之前先以微笑示好;在与旅客交流时,如果对方向自己投以微笑,自己一定要以微笑予以回应。通过微笑所表现出的温馨、亲切的表情,能有效缩短与旅客的距离,给旅客留下美好的心理感受。同时又能让旅客觉得客运服务人员具有良好的修养,待人真诚,从而形成融洽的交往氛围。当旅客产生误解时,更要充分利用微笑使客户变得温和,消除旅客的偏见和隔阂。

1. 微笑的基本要领和要求微笑的基本要领

放松面部表情肌肉,嘴角两端微微向上翘起,让嘴唇略呈弧形,不露牙齿,不发出声音,轻轻一笑。微笑辅之训练,会使微笑的效果更好。

从客运服务员的实际出发,甜美而真诚的微笑是最值得推崇的。所谓甜美,应该是温柔友善、自然亲切、恰到好处,给人一种愉快、舒适、动人之感;所谓真诚,应该是发自内心喜悦的自然流露。

2. 微笑要注意四个结合

微笑必须发自心底才会动人,只有诚于中才能美于外。因此必须注意四个结合:

(1)微笑和眼睛的结合。在微笑中眼睛的作用十分重要,眼睛是心灵之窗,眼睛具有传神传情的特殊功能。只有笑眼传神,微笑才能扣人心弦、情真意切。

(2)微笑和神、情的结合。"神"就是笑出自己的神情、神态,做到精神饱满;"情"就是要笑出感情做到关切友善。

(3)微笑和仪态、仪表的结合。得体的仪态,端庄的仪表,再配以适度的微笑,就会形成完整和谐的美,给人以享受。

(4)微笑和语言的结合。语言和微笑都是传播信息的重要因素,只有做到二者的有机结合,才能相得益彰,微笑服务才能发挥出它的特殊功能。

3. 微笑要始终如一

微笑服务贯穿于客运服务的全过程。客运服务人员应做到:领导不在场和在场一个样;内宾与外宾一个样;小孩子与大人一个样;不消费与消费一个样。来者都是客,旅客至上,对每一位旅客的服务都应一视同仁,这也是客运服务人员应有的职业道德。

4. 微笑要恰到好处

我们提倡微笑服务,但遇到具体问题时要灵活处理,把握好度。也就是说具体运用时,必须注意服务对象的不同的情况把握不同的"度"。微笑过度,会让人觉得客运服务员很生硬、虚伪、做作;微笑表达不充分,会让对方感到客运服务员"皮笑肉不笑",对他的到来不是从内心欢迎。如在旅客处于尴尬状态时,旅客处于生气、悲伤的场合时等,此时的微笑一定要适宜,否则只会弄巧成拙。

5. 微笑的方法

(1)首先来自客运服务人员敬业、乐业的感情。即客运服务人员心灵深处对自己职业有正确的认识及其情感与情绪的体验。对客运工作的爱,对旅客的爱,是其甜美、真诚微笑的源泉。

(2)调控影响微笑的不良情绪。由于服务对象的层次、素养、性格不同,有些旅客难免有过激的言行;有时客运服务人员也会因为主观心情的不好而忽略了微笑,影响了服务的效果。针对此类情况,客运服务人员应学会调整自己的心态,运用服务技巧,用自信、稳重的微笑服务对待旅客。

(3)加强必要的训练。除了上述思想、心理方面的培养外,还可以适当借助于某种技术上的指导。微笑训练方法有很多种,现介绍三种。练微笑口型:摆出普通话"一"音的口型,注意用力抬高嘴角两端,下唇迅速与上唇并拢不要露出牙齿;默念英文单词 Cheese 等。情绪记忆法:借助"情绪记忆法"辅助训练微笑。即将自己生活中最高兴的事件的情绪储存在记忆中,当需要微笑时,可以想起那件最快乐最使你兴奋的事件,脸上会流露出笑容。意思理智训练:微笑服务是客运服务人员职业道德的内容与要求,客运服务人员必须按要求去做,即使有不愉快的事也不能带到工作中去。

有这样一个故事:一位喜欢挑剔的旅客,乘坐一列火车,对列车员做的任何服务他都感到不满意,总是挑出这毛病那毛病,还口口声声说要投诉列车员,但列车员没有受到任何影响,还一直微笑服务到终点。当列车员面带微笑拿着"旅客意见簿"给那位旅客时,他却写下了"优质服务"四个大字,并且对列车员说:"是你的微笑,感动了我"。可见,微笑服务在客运工作中的重要作用。在客运服务中,通过微笑服务用自己良好态度去感化消极的态度,消除旅客的某些偏见和隔阂,这将有助于旅客和客运服务人员双方关系的融洽,有利于客运服务过程的顺利进行,从而实现客运服务质量优质和提高。

项目五　客运服务待人接物礼仪

项目要求

1. 知识目标

通过学习,掌握待人接物的基本礼仪,概述生活和社交中的各种礼仪规范,使学生养成良好的礼仪习惯。

2. 技能目标

(1)运用日常礼貌用语进行人际交往。

(2)运用问候礼节自觉称呼。

(3)运用应答礼节自觉迎送。

(4)运用见面常用礼节,如握手礼、电话礼仪正确地用于日常生活与工作中。

(5)运用介绍礼节,熟练介绍自己和他人。

(6)运用名片礼节,按正确使用名片。

(7)运用接待礼仪,学会看座、奉茶、引导、馈赠、送客。

(8)行进中的位次排列礼仪。

(9)乘坐客车礼仪。

(10)宴会的次序礼仪。

(11)会客、谈判、签字仪式、会议位次礼仪。

3. 素养目标

将学到的待人接物的礼仪知识变为自觉的行动,在未来的工作中掌握各种活动的礼仪要求,从而提高学生的综合素质,为未来的工作打好基础。

项目描述

在营销活动中,有"礼"走遍天下,无"礼"寸步难行,这里的"礼"就是指营销人员在商务接待中遵循的礼仪规范。这不仅表达了个人的良好素质与修养,而且直接关系到企业的形象和公司业务的发展。通过本项目的学习,在接待过程中,运用接待工作的礼仪要求,得体地接待不同群体;懂得接待礼仪行为规范,能运用礼仪技巧与客户进行有效的沟通;运用位次礼仪要求,将交往对象专门安排在尊贵的位次上,会被理解为给予对方的一项重要的礼遇。

建议课时

6课时。

课题一 见面礼仪

一、日常礼貌用语

使用礼貌用语是人类文明的标志,也是全世界共同的心声。使用礼貌用语不仅会得到人们的尊重,提高自身的信誉和形象,而且还会对自己的事业起到良好的辅助作用。俗话说,"良言一句三月暖,恶语伤人六月寒"。

在我国,政府有关部门向市民普及文明礼貌用语,基本内容为十个字:"请、谢谢、你好、对不起、再见"。在实际的社会交往中,日常礼貌用语远不止这十个字。归结起来,主要可划分为如下几个大类:

(一)问候语

人们在交际中,根据交际对象、时间等的不同,常采用不同的问候语。比如在中国实行计划经济的年代,由于经济发展水平不高,人们面临的首要问题是温饱问题,因而人们见面的问候语是"你吃了吗?"今天,人们见面时的问候语通常是"您好""您早"等。

(二)欢迎语

交际双方一般在问候之后常用欢迎语。世界各国的欢迎语大致相同。如"欢迎您(Welcome you)!""见到您很高兴(Nice to meet you)!""再次见到您很愉快(It is nice to see you again)!"

(三)回敬语

在社会交往中,人们常常在接受对方的问候、欢迎或鼓励、祝贺之后,使用回敬语以表示感谢。由此回敬语又可称为致谢语。回敬语的使用频率较高,适用范围较广。俗话说礼多人不怪,通常情况下,只有你受到了对方的热情帮助、鼓励、尊重、赏识、关心、服务等都可使用回敬语。在我国使用频率最高的回敬语是"谢谢""多谢""非常感谢""麻烦您了""让您费心了"等。在西方国家回敬语的使用要比中国更为广泛而频繁。在公共交往中,凡是得到别人提供的服务,在中国人认为没有必要或是不值得向人道谢的情况下,也要说声谢谢,否则是失礼行为。

(四)致歉语

在社会交往中,常常会出现由于组织的原因或是个人的失误,给交际对象带来了麻烦、损失,或是未能满足对方的要求和需求,此时应使用致歉语。常用的致歉语有"抱歉"或"对不起(Sorry)""很抱歉(Very sorry, so sorry)""请原谅(Pardon)""打扰您了,先生(Sorry to have bothered you, sir)""真抱歉,让您久等了(So sorry to keep you waiting so long)"等。真诚的道歉犹如和平的使者,不仅能使交际双方彼此谅解、信任,而且有时还能化干戈为玉帛。

(五)祝贺语

在交际过程中,如果你想与交际对象建立并保持友好的关系,你应该时刻关注着交际对象,并与他们保持经常性联系。比如:当你的交际对象过生日、加薪、晋升或结婚、生子、寿诞,或是你的客户开业大典、周年纪念、有新产品问世或获得大奖等,你可以以各种方式表示祝贺,共同分享快乐。

祝贺用语很多,可根据实际情况进行选择。如节日祝贺语:"祝您节日愉快(Happy the festival)""祝您圣诞快乐(Merry Christmas to you)";生日祝贺语:"祝您生日快乐(Happy birthday)";当得知交际对象取得事业成功或晋升、加薪等,可向他表示祝贺:"祝贺您(Congratulation)"。常用的祝贺语还有:"恭喜恭喜""祝您成功""祝您福如东海,寿比南山""祝您新婚幸福、白头偕老""祝您好运""祝您健康"等。

此外还可通过贺信,在新闻媒介刊登广告等形式祝贺。如:"庆祝大连国际服装界隆重开幕!""××公司恭贺全国人民新春快乐!"等。总之,在当今社会,适时使用祝贺用语,对交际来说有百益而无一害。

(六)道别语

交际双方交谈过后,在分手时,人们常常使用道别语,最常用的道别语是"再见(Goodbye)",若是根据事先约好的时间可说"回头见(See you later)""明天见(See you tomorrow)"。中国人道别时的用语很多,如"走好""慢走""再来""保重"等。英美等国家的道别语有时比较委婉,常常有祝贺的性质,如"祝你做个好梦""晚安"等。

(七)请托语

在日常用语中,人们出于礼貌,常常用请托语,以示对交际对象的尊重。最常用的是"请",其次,人们还常常使用"拜托""劳驾""借光"等。在英美等国家,人们在使用请托语时,大多带有征询的口气。如英语中最常用的"Will you please…?""Can I help you?(你想买点什么?)""Could I be of service?(能为您做点什么?)",以及在打扰对方时常使用"Excuse me",也有征求意见之意。日本常见的请托语是"请多关照"。

在社交场合,常用的礼貌用语和禁忌语见表5-1。

常用礼貌用语和禁忌语　　　　　表5-1

分类	常用礼貌用语	禁忌语
	内容	
常规礼貌用语	您好。 没关系(不客气)。 请指教(请多关照)。 对不起。 再见(再会)。	嘿! 老头儿。 土老冒儿。 问别人去! 不知道。
欢迎礼貌用语	请! 欢迎您光临(欢迎惠顾)! 见到您(你)很高兴!	

续上表

常用礼貌用语		禁 忌 语
分类	内容	
问候礼貌用语	您好。 您早(早上好)。 多日不见,您好吗?	
祝贺礼貌用语	祝您节日愉快(祝您生日快乐)。 祝您生意兴隆。 恭喜发财。	有完没完。 到点了,你快点儿。 我不管,少问我。 叫唤什么,等会儿! 我就这态度! 靠边点儿。 交钱,快点。 听见没有,长耳朵干嘛使的。 你吃饱了撑的呀! 有能耐你告去,随便告哪都不怕。 到底要不要,想好了没有。 买得起就快点,买不起别买。 没看见我正忙着吗,着什么急! 刚才和你说过了,怎么还问。 买的时候,你怎么不挑好啊。 谁卖给你的,你找谁。 有意见,找经理去。 那上边都写着呢,你不会自己看呀 不能换,我们就这规矩。 你问我,我问谁。 瞎叫什么,没看见我在吃饭。 你管不着。 没上班呢,等会儿再说。 不是告诉你了吗,怎么还不明白。 现在才说,早干嘛来着。 怎么不提前准备好。 别装糊涂。 我有什么办法,又不是我让它坏的。
告别礼貌用语	晚安或明天见(晚上休息前)。 祝您一路平安。 欢迎您再来。	
征询礼貌用语	需要我帮您做些什么吗? 您还有别的事情吗? 如果您不介意的话,我可以…… 有劳您了(麻烦您…)! 请您讲慢点好吗? 对不起,请问…… 麻烦您,请您……	
应答礼貌用语	不客气(没关系)。 这是我应该做的。 请多多指教。 我马上就办。 非常感谢。	
致歉礼貌用语	打扰了(打扰您了)。 请原谅(抱歉…)。 实在对不起。 让您久等了。 谢谢您的提醒。 是我们的错,对不起。 请不要介意。 不好意思,打扰一下……	
推托礼貌用语	很遗憾。 承您的好意,但是…… 对不起,这事不好办。	
其他礼貌用语	欢迎您,×先生(女士、经理、教授、主任)! 真对不起,您要的这种货刚好没有了。 这件和您要的差不多,您看可以吗? 我很乐意为您服务。 真抱歉,请再等几分钟。	

二、称谓礼仪

称谓指的是人们在商务交往中所采用的彼此之间的称谓语。选择正确、适当的称呼,反映着自身的教养、对对方尊敬的程度,甚至还体现着双方关系发展所达到的程度,因此不能随便乱用。

(一)称谓的种类

目前运用比较广泛的称谓主要有以下几种:

1. 职务性称谓

这是在商务场合中最常见的称谓方式,目的是通过强调对方的行政职务来表示对对方的敬意与尊重。通常是在职务前加上姓氏,如张总经理、刘董事长等。如彼此关系比较密切或对方在所属部门身份具有单一性也可省去姓氏,直接称呼总经理、董事长等。在英语中,职务性称谓多用于正式场合,而对于地位高的外宾可以在职务后加上"先生"或"女士",如"董事长先生""总经理女士"等。职称性称谓:在需要突出对方专业技术地位时,尤其对于具有高级、中级职称者,通常采取姓氏加职称的称谓方式,如王教授、赵工程师(或简称赵工)等。

2. 行业性称谓

在汉语中,有时也可以按对方所从事的在大众心目中有地位的职业进行称谓,来体现尊敬之意。如杨老师、刘大夫、周律师、王警官等。

3. 性别性称谓

在国际交往或是在书写信函公文时,对女性的称谓比较复杂,未婚女子可以称呼其小姐(Miss),已婚女子称呼其夫人(Mrs.)。若未弄清对方婚否,千万不要乱称呼,可以统称为女士(Ms.),但千万不可称其夫人,否则会引起对方的反感和不愉快。在汉语中,除了可按以上的称谓方式外,还有一些中性称谓语,如同志、师傅等。

4. 姓名性称谓

在工作岗位中,可以直接称呼对方姓名。如今很多外企中更习惯于称呼英文名字。或者也可省略名字而在姓氏前加上"老""大""小"来区别年龄,如小刘、老王等。若是上级称呼下级时,也可直呼其名,省略其姓,这样的称谓显得更加亲切自然,可拉近彼此的距离。

(二)称谓要遵循的原则

在商务场合的称谓礼仪中,主要讲求的原则是"入乡随俗"。交往对象可能来自不同的国家,因此,要照顾被称呼者的习俗,当不能确定如何称呼时,可以直接向对方询问,切勿贸然行事。

(1)在英、美、法等国家,一般名在前,姓在后,妇女在婚后冠夫姓。正式场合中应用其全名,口头称谓一般称姓,关系密切的人才直呼其名。

(2)德国人十分重视礼节、礼貌,做事十分严谨,初次见面一定要称呼其职衔。

(3)日本、朝鲜、韩国等亚洲国家姓名习惯与我国基本相同,姓在前,名在后。一般口头称呼姓,正式场合呼全名。

(4)对阿拉伯人,一般称"先生""女士"即可。但要注意,与该国妇女接触时不宜主动与之打招呼,多数情况下只需微笑或点头示意即可。

各个国家的社会习俗和称谓方式不尽相同,在接触前最好先查看有关资料,以免引起对方不满或闹笑话。

三、问候礼仪

人们见面应互相问候,通常称招呼。

(一)寒暄

寒暄是人际交往的起点,是沟通心灵的钥匙。一般在微笑、握手的同时,礼貌地向对方做出语言的表示:"您好!""近来好!""身体好吗?"人们在走路的时候,特别是在办公楼的走廊、楼梯上,宾馆的厅堂、电梯里"狭路相逢",即使相互并不相识,也要打个招呼,说一声"早上好!"或"晚上好!"至少也点头微笑致意。如果彼此是熟悉的,还要停下脚步来寒暄几句,问候一下"您好吗?"但男子不可强求女士向自己打招呼。

(二)致意

在商务场合遇到相识者,如相距较远,可点头微笑,脱帽致意,或举右手打招呼,以示问候。

(三)握手

握手是一种信息的双向交流,能表达许多复杂的情感,是商务接待活动中不可缺少的礼节和手段。握手的礼仪规范如下:

1. 握手的顺序

遵循"尊者优先"的原则,通常年长者、位尊者、女士先伸手,然后,年轻者、位低者、男士再伸手。宾主之间,客人到访时,主人先伸手,以示欢迎,客人告辞时,客人先伸手,以示请主人留步。商务场合,握手应按职位高低的顺序。但如果对方已先出手,应立即回握,不能忽视对方发自内心的友谊。在平辈之间,谁先出手为敬。

2. 握手的部位

握手时,应面带微笑,双目注视对方。用手指稍稍用力握住对方的手掌,对方用同样的方式回握。但男士只要握一下女士的手指即可。握手时,若掌心向下显得傲慢,掌心向上显得谦恭。如以双手握对方的右手则更显亲切和尊敬,但应区别场合与对象(图5-1)。

图5-1 握手方式

3. 握手的时间

要根据双方的亲密程度灵活掌握。一般握手应控制在三秒钟之内,切忌长时间握住异性的手。但时间太短亦会使对方产生纯粹客套应付之感。

4. 握手的力度

以不握疼对方的手为限度。握手过猛,尤其对女性,握手不用力,都是对他人的不尊重。

5. 几种不当握手的形式

(1)别人主动与你握手,你却有意躲避。

(2)用左手握手。

(3)戴手套握手。

(4)手不清洁握手。

(5)握手时没有注视对方的眼睛。

(6)握手用力太猛,把对方握痛。

(7)强行握手;长时间握手。

(8)多人交叉握手。

(9)与一人握手的同时转头跟其他人说话。

(10)握手时摆动幅度过大。

(11)握手时用一条胳膊搂抱客户的肩膀或拍打客户后背等。

(四)拱手

拱手礼亦称"揖"。施礼时,左手掌包握在右拳上,目视对方,不分尊卑,拱手齐眉,自上而下。目前主要用于团拜、开会、过节、祝贺等场合(图5-2)。

(五)鞠躬

鞠躬礼源自中国,是人们在生活中对别人表示恭敬的一种礼节,在东南亚一些国家较为盛行,如日本、韩国、朝鲜等。所以,在接待这些国家的外宾时,可以鞠躬致意。行礼时两脚立正,目视对方,不可戴帽。可根据施礼对象和场合,决定施礼的深度。受礼者一般亦同样回礼。上级和长者还礼时,可以欠身点头或同时伸出右手以答之,不鞠躬亦可。鞠躬的礼仪规范如下:

图5-2 拱手

1. 鞠躬的方式

行鞠躬礼时,须脱帽、呈立正姿势,脸带笑容,目视受礼者。男士双手自然下垂,贴放于身体两侧裤线处,女士的双手下垂叠放在腹前。

2. 鞠躬的幅度

鞠躬的幅度不同,表达的意思也不同。若一般的问候、打招呼弯15°左右,表示致谢;若迎客、送客时弯30°~40°,表示诚恳和歉意;若忏悔、改过和谢罪时弯90°左右,表示诚恳之意(图5-3)。

图5-3 鞠躬

鞠躬时不可采用这样的方式:

(1)边工作边鞠躬。
(2)戴着帽子鞠躬。
(3)只是点头式的鞠躬。
(4)看着对方的眼睛鞠躬。
(5)一边摇晃身体一边鞠躬。
(6)双腿没有并齐的鞠躬。
(7)驼背式的鞠躬,或者可以看到后背的鞠躬。
(8)鞠躬速度太快。
(9)上身不动,只膝盖处弯曲,歪歪头的丫鬟式鞠躬。
(10)起身过快的鞠躬;连续地、重复地鞠躬;等。

在一般的社交场合,晚辈对长辈、学生对老师、下级对上级、表演者对观众等都可行鞠躬礼。领奖人上台领奖时,向授奖者及全体与会者鞠躬行礼;演员谢幕时,对观众的掌声常以鞠躬致谢;演讲者也用鞠躬来表示对听众的敬意;参加追悼会的人们行鞠躬礼,是表示对死者的尊敬和怀念。

(六)拥抱礼

拥抱礼是流行于欧美的一种礼节,通常与接吻礼同时进行。拥抱礼行礼方法:两人相对而立,右臂向上,左臂向下;右手挟对方左后肩,左手挟对方右后腰。按各自方位,双方头部及上身均向左相互拥抱,然后再向右拥抱,最后再次向左拥抱,礼毕(图5-4)。

图5-4 拥抱

(七)吻礼

接吻礼多见于西方、东欧、阿拉伯国家,是亲人以及亲密的朋友间表示亲昵、慰问、爱抚的一种礼节,通常是在受礼者脸上或额上接一个吻。

1. 接吻方式

父母与子女之间是亲脸,亲额头;兄弟姐妹、平辈亲友是贴面颊;亲人、熟人之间是拥抱,亲脸,贴面颊;在公共场合,关系亲近的妇女之间是亲脸,男女之间是贴面颊,长辈对晚辈一般是亲额头,只有情人或夫妻之间才吻嘴。亲吻次数因国家不同而有差异。

2. 吻手礼

男子同上层社会贵族妇女相见时,如果女方先伸出手作下垂式,男方则可将指尖轻轻提起吻之;但如果女方不伸手表示,则不吻。如女方地位较高,男士要屈一膝作半跪式,再提手吻之。此礼在欧洲一些国家较流行。

（八）合十礼

合十礼又称合掌礼，流行于南亚和东南亚信奉佛教的国家。其行礼方法是：两个手掌在胸前对合，掌尖和鼻尖基本相对，手掌向外倾斜，头略低，面带微笑。

四、交谈礼仪

图5-5 交谈的礼节

（1）与人交谈时，表情要自然，语气要和蔼、亲切（图5-5）。为详细表达，可适当做一些手势，但动作不宜过大，更不要用手指着对方讲话。与对方所处位置要适度，离得太远，对方听不清；离得太近，又涉嫌侵入对方私人区域。应注意口腔卫生，对着别人说话时，不能唾沫四溅。

（2）交谈过程中，要始终保持热情。在讲话内容方面，要多谈对方关心、对对方有益的内容；表情要自然亲切，行为要得体大方。

（3）克服言谈中不良的动作、姿态。那些不顾对方讲话，左顾右盼、摸这摸那、看手表、发短信、打哈欠、伸懒腰等漫不经心的谈话中的动作，是极其不礼貌的行为。

（4）不要态度傲慢、趾高气扬地与人交谈。特别是与晚辈或学识、专业水平不如自己的人交谈时，更应注意这一点。如果自视过高、目中无人，势必在交谈中出现不尊重对方的口气和动作。

（5）与人谈话时，不宜高声辩论，更不能出言不逊。对一些问题如有不同看法，即便发生分歧，不得已争执起来，也不要大声斥责，可以避开话锋，先谈其他问题。

（6）自己讲话时，要给别人发表意见的机会。别人说话时，也应适时发表自己的看法。要善于聆听，不轻易打断别人的发言。一般不提与谈话内容无关的问题。如某人谈到一些不便谈论的问题时，不轻易表态，可以灵活地转移话题。

（7）参与别人谈话时，要先打招呼，不要随便打断别人的谈话。有人主动与你交谈，应乐于接受。对于别人的个别谈话，不要凑前旁听。当欲与某人讲话时，应待别人讲完后，再与之交谈。多人交谈时，不应冷落某人，要不时地向其他人打打招呼，以示礼貌。

（8）谈话结束时，应该告别。如果是与多人交谈，结束后应一一告辞。告辞语应简洁，尽可能用高度概括性的语言。不要把说过的话再重复一遍，更不要在临近结束时又提出新的话题，应尽量减少告别时的话语。

五、距离礼仪

人们常常说：距离产生美。也就是说：人与人之间的交往需要保持一定的空间距离。人人都需要一个属于自己的小"天地"，不愿意别人进入。哪怕是最亲密的人，有时也不愿意被打扰。所以电影电视中常常出现这样的语言："请让我一个人待着。""我想一个人待一会儿。"等。有了空间的距离,人才更能体现尊严。那么,一般情况下,人际交往的空间距离应当怎样确定呢?

根据美国人类学家、心理学家爱德华·霍尔博士的观点,空间距离可分为以下四类:

1. 亲密距离

45cm 以内,多半属于情侣、夫妻之间,父母子女之间,兄弟姐妹或知心朋友之间的交往距离。

此距离属敏感领域,不要轻易地采用。关系一般人,尤其是关系一般的异性是绝对不应该进入这一空间的,否则就是对他人的侵犯。

2. 私人距离

一般在 45～120cm 之间,伸手可以握到对方的手,但不易接触到对方的身体。

这是较熟悉的人交往的距离。适用于日常工作、生活场所和一般聚会场所与同学、老师、同事、邻居、熟人等交往。

3. 社交距离

一般在 120～360cm 之间,适合于礼节上较正式的交往关系。

适合办公室交谈、商务洽谈、招聘时的面谈、学生的论文答辩等。

与没有过多交往的人打交道可采用此距离。

4. 公众距离

大于 360cm 的空间距离。

这是一个几乎能容纳一切人的空间,人际沟通减少,很难直接进行交谈(图 5-6)。

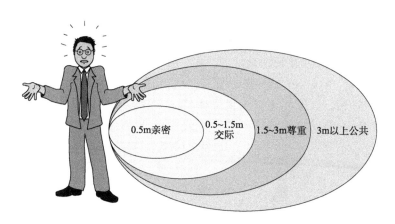

图 5-6 交谈的最佳距离

当然,人际交往的空间距离不是绝对的。实际上,影响交往空间距离的因素很多,文化背景不一样;生活习俗不一样;年龄、性别不一样;所处地位不一样;对空间距离的理解和需要就会不一样;甚至同一个人,由于情绪状态不同、交往环境不同,与人交往的空间距离也会不同。

因此,我们在与人交往的时候,一定要注意把握好距离的分寸。

课题二 介绍礼仪

一、介绍礼仪

介绍是指从中沟通,使双方相互认识、建立关系。介绍是交往场合中相互了解的基本方式。具有消除隔阂、扩大社交、避免尴尬的功能。在商务交往中,人们往往需要首先向交往对象具体说明自己的情况,从而使双方交往融洽,彼此接纳。

(一)自我介绍

自我介绍指的是由本人担任介绍人,自己把自己介绍给别人。介绍时奉行的简单礼节有:

1. 时间

介绍应精炼,不宜太过冗长,时间以半分钟左右为佳。

2. 内容

自我介绍内容应真实,态度要谦虚,并依据不同场合把握分寸,初次见面过分显示自己容易引起对方的反感。

3. 形式

正式的自我介绍应包括单位、部门、职务、姓名等要素,而对泛泛之交只需介绍自己的姓名以应酬对方。

4. 注意事项

第一,方法应灵活。他人做自我介绍时,应热情作答,一般先向对方点头致意,或说声"您好",得到回应后再向对方介绍自己的姓名、身份、单位等,同时递上事先准备好的名片。并且注意对方的反应,若对方并无深谈之意,便要及时打住。

第二,举止应庄重、大方,必须充满自信,只有自信的人才能使人另眼相看,才能有魅力并使人产生信赖和好感。介绍时不要慌慌张张,毛手毛脚,不要用手指指着自己。

第三,表情应亲切、自然。眼睛应看着对方或大家,要善于用眼神、微笑和自然亲切的面部表情来表达友谊之情。不要显得不知所措,面红耳赤,更不能一副随随便便、满不在乎的样子(图5-7)。

图5-7 介绍礼仪之自我介绍

(二)他人介绍

他人介绍是指经第三者为彼此之间互不相识的双方所进行的介绍。介绍时奉行的简单礼节有:

1. 顺序

遵循"尊者居后"的原则,先向位高者介绍位低者;先向年长者介绍年轻者;先向女士介绍男士;先向主人介绍客人;先向对方介绍自己等。但应视具体情况灵活运用。当被介绍人性别相同、年龄、地位无法辨别时,则可随意介绍。

2. 方法

先用敬语称呼位高者、年长者和女士,再介绍被介绍者。在正式场合,一般用"请允许我向您介绍……"的讲法,在非正式场合,则不必过于拘泥礼节,往往说一句:"我来介绍一下。"介绍别人时,应实事求是、掌握分寸。必要时,还可说明被介绍者与自己的关系,便于新结识的人相互了解与信任。被介绍者在未被介绍时不宜插嘴,应耐心等待。

3. 姿态

介绍时,除女士和年长者外,一般应起立,当介绍人做了介绍后,被介绍的双方应互致问候。在宴会、会议桌上不必起立,被介绍者只要微笑点头致意即可。如果双方距离2m以外,中间又有桌椅等障碍物,可举起右手致意,但切忌伸出手指指来指去。

4. 为他人介绍时,要注意顺序

应把男子介绍给女子,把年轻的介绍给年长的,把地位低的介绍给地位高的,把未婚的女子介绍给已婚的妇女,把儿童介绍给成人。

作为被介绍者,应当表现出结识对方的热情,目视对方,除女士和年长者外,被介绍时一般应起立。但在宴会桌上和会谈桌上只需微笑点头有所表示即可(图5-8)。

图5-8 他人介绍

(三)介绍集体

介绍集体一般是指被介绍一方或双方不止一人,它实际上是一种特殊的介绍他人的情况。有鉴于此,介绍他人的基本规则在这里是可以使用的。

(1)作为第三者介绍双方时应先卑后尊;而将己方集体成员介绍给对方时,则应当自尊而卑。

(2)如果被介绍的双方,其中一方是个人,一方是集体时,应根据具体情况采取不同的方法。

①先将个人介绍给集体。这种方法主要适用于重大的活动中对于身份高者、年长者和特邀嘉宾的介绍,介绍后,可让所有的来宾自己去结识这位被介绍者。

②先将集体介绍给个人。这种方法一方面适用于非正式场合,使那些想结识更多的、自己所尊敬的人物的年轻者或身份低者满足自己交往的需要,由他人将身份高者、年长者介绍给自己;另一方面,这种方法也适用于正式场合,比如,领导者对有突出贡献者进行接见。

(3)被介绍的双方皆为一个由多人所组成的集体,双方的全体人员均应被正式进行介绍时,应有两种介绍方法。第一,拜访方与接待方两个团队的相互介绍。一般先由主方负责人向宾方介绍主方在场者,再由客方负责人向主人介绍客方在场者。第二,两个处于平等地位的交往集体的相互介绍。其介绍的基本顺序有两种:一种是按照座次或队次顺序介绍,再一种是以身份的高低顺序进行。

二、名片礼仪

名片是重要的社交工具之一。名片通常包含两方面的意义,一是标明你所在的单位,另一个是表明你的职务、姓名及承担的责任。

1. 名片的准备

名片不要和钱包、笔记本等放在一起,原则上应该使用名片夹;名片可放在上衣口袋,但不可放在裤兜里;要保持名片或名片夹的清洁、平整。

2. 递名片

(1)递名片的次序是由下级或访问方先递名片,如遇介绍,应由先被介绍方递名片。

(2)递名片时,应双手递出,并报出自己的姓名,说些"请多关照""请多指教"之类的寒暄语。

(3)互换名片时,应用右手拿着自己的名片,左手接到对方名片后,用双手托住。互换名片时,也要看一眼对方的职务、姓名等(图5-9)。

(4)遇到难认的字,应事先询问,避免错叫了对方的姓名。

(5)在会议室,如遇到多人相互交换名片时,可按对方座次的排列顺序交换名片。

3. 接收名片

(1)起身接收名片。

(2)用双手接收名片。

(3)接收名片时,要认真地看一眼。

(4)接收的名片不可来回摆弄。

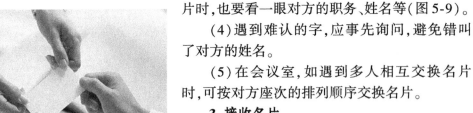

图5-9　交换名片

(5)不要将对方的名片遗忘在座位上,或存放时不注意落在地上。

课题三　接待礼仪

接待宾客是服务接待的重要工作。服务接待应遵守接待工作礼仪。

一、迎客送客

迎来送往,是商务接待活动中最基本的形式和重要环节,是塑造组织第一印象的重要环节。接待工作的"善始善终"往往表现在车站、码头、机场的迎送环节上。迎送工作的有关事项如下:

(一)迎客

(1)确定迎客规格,认真研究客人的基本资料,准确了解来宾的身份、职务、单位及来访目的,安排与之身份基本相等的人前往迎接。

(2)做好迎接准备。核实客人到达的交通工具与时间;安排好迎接车辆;为来宾准备好客房和膳食;对不熟悉的客人,需要准备一块迎客牌;迎接宾客应提前到达。

(3)迎接到达宾客。接到客人后,即表示欢迎或慰问,然后互相介绍。通常先将主人介绍给来宾。除客人自提的随身小包外,应主动帮助客人拎行李,但应尊重宾客的意愿,不要过分热情地强行帮助提携。随后引导客人上事先备好的车辆。上车时,应注意座位的安排。

通常,应将车开到客人跟前,打开右侧车门,以手遮挡着上门框,请客人上车。主人应从车后绕到左侧门上车,避免从客人座前穿过。如有行李,主人应先放好行李再上车。到达目的地后,主人应协助客人下车。

(4)妥善安排周全。客人抵达住地后,主人应主动介绍日程安排,征求意见,提供交通旅游图等。然后尽早告退,以便让客人休息。分手前应约好下次见面的时间及联系方法等,以便为客人提供及时的帮助。

(二)送客

(1)迎来送往过程中往往需要在适当的时候向对方赠送礼品以传递感情,互赠礼品是内心友好情感以物质形式的自然流露。赠送礼物应遵循馈赠礼仪,才能有效发挥礼品的效用。

(2)对远道而来的客人,接待方应协助办好返程手续;协助做好中途安排;客人离开时,最好由原迎接人员驱车送至机场车船码头,并应等车船启动后,面带微笑,挥手告别,直到看不见对方时,主人才离开(图5-10)。

图5-10 送客礼仪

第一,选择时机。并非任何时候都适合送礼。初次见面就送上一份重礼,会有行贿之嫌。西方国家除圣诞节、生日、婚礼、旅行、探病等场合,一般不兴送礼。作为接待方一般选择客人即将动身离别前赠送礼品。

第二,注意适度。

礼多人不怪的准则并非处处通行。赠送礼品除了物质价值外,还应包含信息价值和情感价值。应根据交往对象的爱好需求和有关规定选择礼品,量力而为。一般选择当地特产礼品为佳,但应谨慎选择,区分对象,以免引起对方误解。赠花时,应了解花语、运用场合及其象征意义。

第三,讲究方式。礼品一般当面赠送。并要用礼品纸包装好。日本人不习惯当面打开礼物,欧美人则当场打开,立即感谢。有些国家收礼时不喜欢有别人在场,有些国家收礼则必须有别人在场,以免有贿赂之嫌。拒绝受礼应当坚决而委婉。如送礼者不知自己何故被拒,则应向他暗示不收礼物的原因。

第四,尊重习俗。不同国家赠礼有所禁忌,应予以尊重。例如,法国人除非关系非常融洽,一般不互相送礼。德国人忌讳用白色、棕色或黑色的包装纸包装礼品。日本人不喜欢在礼品包装上系蝴蝶结;用不同颜色的彩带扎礼品有不同的含义,如红色象征身体健康等。不要给日本人送有动物形象的礼品,因为各种动物都是不同的象征。对拉丁美洲人,任何时候都不能送刀子和手绢,因为刀子意味着双方关系一刀两断,手绢总与眼泪和悲伤联系在一起。

第五,遵守规范。在接受馈赠时,应遵循礼仪规范。为了维护形象和职业道德,职业人士一般不宜接受外国人或服务对象赠送的礼品，尤其不能接受现金、有价证券及其他贵重之物，如果实在无法推辞可暂时接受礼品，随后如数上交。不得来者不拒，更不可索取、暗示对方送礼(图5-10)。

二、现场接待

接待工作是重要的礼仪活动，使客人高兴而来，满意而去，对组织留下美好印象，有利于今后进一步合作。做好接待工作，要注意以下几点：

(1)接待人员的素质修养代表和影响着组织的形象，应选派具有较高礼仪素养的人员承担接待工作。

(2)如果事先知道客人来访，要提前"清扫门庭，适当整理"，使接待场所布置得整齐、美观，给客人留下一个组织工作井井有条、充满生气、管理有序的首要印象。

(3)准备座位、资料、饮料等，使接待工作富有效率。

(4)若客人不期而至，也应放下手中工作，起身相迎。

(5)若客人要找的人暂时不能接待，或要办的事需要等待的时候，接待人员应主动攀谈，或提供报刊杂志为客人消遣，避免冷落客人。

(6)将客人引至接待场所后，应安排其就座。一般讲，离门最远的位置是上席，而靠近门的位置是末座。客人就座后，在未开始谈正事前，应给客人奉茶。敬茶的顺序应从最上座的客人开始，先客后主。茶水要从每人的右后侧递送，每杯斟七分满即可。

(7)接待时，要避免他人干扰，以便能专心致志地与客人交换意见。

(8)客人告辞时，主人要等客人起身告辞后方可站起来相送，并应等客人先伸手之后再与之握手。送客一般应送到门口、电梯口，并应等电梯门关上后方可离去，送到门口，应面带笑容，向客人挥手告别，目送离去。

三、陪同引导

(1)在陪同引导客人时，一般应走在客人的左侧，以示尊重，如果是主陪陪同客人，就要并行与客人同行。如属随行人员，应走在客人和主陪人员的后边。

(2)负责引导时，应走在客人左前方一、两步远的位置和客人的步幅一致，忌把背影留给客人。遇到路口或转弯处，应用手示意方向并加以提示。

(3)陪同人员不能只顾闷头走路，可以随机讲一些得体的话。

(4)乘电梯时，如有专人服务，应请客人先走，如无专人服务，接待人员应先去操作，到达时请客人先行。

(5)进房间时，如门朝外开，应请客人先进，如门朝里开，陪同人员应先进去，扶住门，然后再请客人进入。

四、拜访礼仪

当主人去客人下榻的地方拜会或送行时，主人的身份应当是"客人"，这时宾客则"反客为主"。应当遵循拜访礼仪：预约；守时；通报；告退。

拜访是双方生活节奏的合拍，要注意时间的和谐。拜访要事先相约，以防扑空或扰乱主人的计划。拜访时间应选择主人最方便的时候。时间一旦约定应准时到访,若遇特殊情况不能如期赴约,应事先招呼。到达拜访地点应先敲门,主人答应后方可入内。进入屋内要征得主人同意才可坐下。后来的客人到达时,先来的客人应起立,等待介绍。

做客时要彬彬有礼,言行举止均表现出良好教养和礼貌行为。如主人另有朋友来访,应向新客人打招呼,并尽快地告辞,以免妨碍他人。拜访时间一般不宜过长。

临别时要向主人、在座的客人握手或点头致意。主人起身相送,应请其留步,不可不打招呼就离去。

课题四 位次礼仪

一、位次礼仪

位次的含义是"在先权的次序",所以位次的实质是在先权,即谁先谁后的问题。在外交实践中,位次也称礼宾次序,如果安排不当则会引起不必要的争执和交涉,甚至影响国家关系。在商务活动中,位次的排列往往备受人们关注。因为位次是否规范,是否合乎礼仪的要求,既反映了商务人员自身的素养、阅历和见识,又反映了对交往对象的尊重和友善程度,因此每一位商务人员在郑重其事的交往中,尤其是在一些较为隆重而热烈的场合,对位次的问题,必须认真对待。

二、行进中的位次礼仪

所谓行进中的位次排列,指的是人们在步行的时候位次排列的次序。在陪同、接待来宾或领导时,要注意行进的位次。

(一) 常规情况

并行时,中央高于两侧,内侧高于外侧,一般让客人走在中央或内侧;单行行进时,前方高于后方,如没有特殊情况的话,应让客人在前面走。如果客人不认识路,陪同者左前方引导。实际上内侧就是指靠墙走,我国道路游戏规则行进规则是右行,所以在引领客人时,客人在右,陪同人员在左。换句话说,客人在里面你在外面。把客人让在靠墙的位置,是因为受到骚扰和影响少。

(二) 特殊情况

1. 引导

如果是主陪陪同客人,要并行与客人同行;如属随行人员,应走在客人和主陪人员的后边。在陪同引导客人时,自己走在客人左前二三步,侧转130°向着客人的角度走,忌把背影留给客人。用左手示意方向;要配合客人的行走速度;保持职业性的微笑和认真倾听的姿态;如来访者带有物品,可以礼貌地为其服务;途中注意引导提醒,拐弯或有楼梯台阶的地方应使用手势,并提醒客人"这边请"或"注意楼梯""有台阶,请走好"等。

2. 上下楼梯

一般而言,上下楼梯要单行行进;没有特殊情况要靠右侧单行行进引导客人上下楼梯;

上楼梯时,客人走前面,陪同者紧跟后面;下楼梯时,陪同者走前面,并将身体转向客人。楼梯中间的位置是上位,但若有栏杆,就应让客人扶着栏杆走;如果是螺旋梯,则应该让客人走内侧。上下楼梯时,要提醒客人"请小心"。如果陪同接待女性宾客的是一位男士,而且女士身着短裙,上下楼梯时,接待的陪同人员要走在女士前面,以免短裙"走光",避免尴尬。在客人不认路的情况下,陪同引导人员要在前面带路。陪同引导的标准位置是左前方,应该让客人走在内侧,陪同人员走在外侧。行进时,身体侧向客人,用左手引导。

3. 出入电梯

在客人之前进入电梯,一手按住"开"的按钮,另一只手示意客人进入电梯;进入电梯后,按下客人要去的楼层数,侧身面对客人,可做寒暄;到目的地时,按住"开"的按钮,请客人先下。

相关链接:先上电梯者应靠后面站,以免妨碍他人乘电梯;帮助后来人,等所有人都进来后,才能关电梯;不要挡住电梯按钮,以免其他人无法按按钮;远离按钮者不可伸手越过数人去按按钮;电梯内不可大声喧哗或嬉笑吵闹;电梯内千万不可吸烟;靠近电梯门口者先离电梯。

4. 出入房门

若无特殊原因,位高者先出入房门;若有特殊情况,如室内无灯而暗或者是室内仍需引导,陪同者宜先入;出去也是陪同者先出,为客人拉门引导。

三、乘车的位次礼仪

在接待客户时候,乘车成为最基本的交通方式,在乘坐小轿车和旅行车时也有不同的礼仪。

(一)乘坐小轿车

上下车的问题,一般情况下让客人先上车,后下车。具体分为三种情况:

(1)公务:接待客人是一种公务活动,车辆是单位的,驾驶人是专职驾驶人;上座是后排右座,即驾驶人的对角线,后排左侧是下座;副驾驶座一般是随员的座位。

(2)社交:社交应酬时,这时车辆一般归属个人,开车的是车主;车主开车,上座是副驾驶座,其次是后排右座,再次是后排左座,最后是后排中座。

(3)重要客人:接待重要客人时,轿车的上座是驾驶人后面的座位(图5-11)。

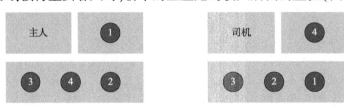

a)主人驾车,客人应该坐在副驾驶　　b)乘出租车,客人应该坐在后排右座

图5-11 乘轿车座位示意图

(二)乘坐旅行车

在接待团体客人时,多采用旅行车接送客人;旅行车以驾驶人座后第一排即前排为尊,后排依次为小;其座位的尊卑,依每排右侧往左侧递减(图5-12)。

（三）以礼待人

在乘坐车辆时以礼待人，不单是一种要求，而且应当落实到乘坐车辆时的许多细节上。特别需要注意下列三个方面的问题。

1. 上下车的先后顺序

在涉外交往中，尤其是在许多正式场合，上下车的先后顺序不仅有一定的讲究，而且必须认真遵守。乘坐轿车时，按照惯例，应当恭请位尊者首先上车，最后下车。位卑者则应当最后登车，首先下车。乘坐公共汽车、火车或地铁时，通常由位卑者先上车，先下车。位尊者则应当后上车，后下车。这样规定的目的，同样是为了便于位卑者寻找座位，照顾位尊者。

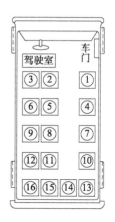

图 5-12　旅行车位次示意图

2. 就座时的相互谦让

不论是乘坐何种车辆，就座时均应相互谦让。争座、抢座、不对号入座，都是非常失礼的。在相互谦让座位时，除对位尊者要给予特殊礼遇之外，对待同行人中的地位、身份相同者，也要以礼相让。

3. 乘车时的律己敬人

在乘坐车辆时，尤其是在乘坐公用交通工具时，必须将其视为一种公共场合。因此，必须自觉地讲究社会公德，遵守公共秩序。对于自己，处处要严格要求，对于他人，时时要友好相待。

（四）女士登车的姿态

女士登车不要一只脚先踏入车内，也不要爬进车里；须先站在座位边上，把身体降低，让臀部坐到位子上，再将双腿一起收进车里，双膝一定保持合并的姿势。

四、宴会位次礼仪

在正式的商务宴请中，位次的排列最为讲究；宴请位次的排列主要涉及两个问题：桌次和座位。

（一）桌次的安排

主桌的确定：居中为上、以右为上、以远为上。按习惯，桌次的高低以离主桌位置远近而定。以主人的桌为基准，右高左低，近高远低；桌子之间的距离要适中，各个座位之间的距离要相等。

（二）座次的排列

面门居中为主人：座次以主人的座位为中心，如果女主人参加时，则以主人和女主人为基准，近高远低，右高左低，依次排列。

主人右侧是主宾：把主宾安排在主人的右手位置，主宾夫人安排在女主人右手位置。主左宾右分两侧而坐。译员安排在主宾右侧（图 5-13）。

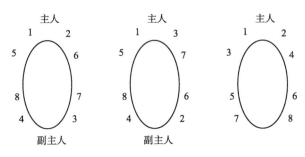

图 5-13 宴会位次示意图

(三) 西餐的位次礼仪

西餐的位置排列与中餐有相当大的区别,中餐多使用圆桌,而西餐一般都使用长桌。如果男女二人同去餐厅,男士应请女士坐在自己的右边,还得注意不可让她坐在人来人往的过道边。若只有一个靠墙的位置,应请女士就座,男士坐在她的对面。如果是两对夫妻就餐,夫人们应坐在靠墙的位置上,先生则坐在各自夫人的对面。如果两位男士陪同一位女士进餐,女士应坐在两位男士的中间。如果两位同性进餐,那么靠墙的位置应让给其中的年长者。西餐还有个规矩,即是:每个人入座或离座,均应从座椅的左侧进出。举行正式宴会时,座席排列按国际惯例:桌次的高低依距离主桌位置的远近而右高左低,桌次多时应摆上桌次牌。同一桌上席位的高低也是依距离主人座位的远近而定。西方习俗是男女交叉安排,即使是夫妻也是如此。西餐桌排列可分横向与纵向两种排列。

(1) 横向餐桌分不偕夫人和偕夫人两种情况(图 5-14、图 5-15)。

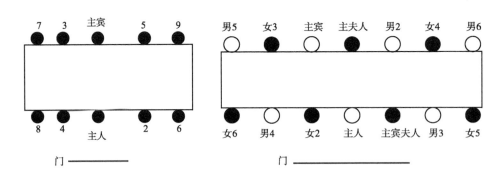

图 5-14 不偕夫人宴会位次示意图　　　图 5-15 偕夫人宴会位次示意图

(2) 纵向餐桌分不偕夫人和偕夫人两种情况(图 5-16、图 5-17)。

五、会客、会谈、签字及会议位次安排

(一) 会客位次安排

常见的会客位次安排具体有以下四种基本方式:

1. 相对式

具体做法是:宾主双方面对面而坐。这种排列方式显得主次分明,往往显示着双方"公

事公办"之意。它多适用于公务性会客。采用相对式安排位次时,通常会碰上以下两种情况:

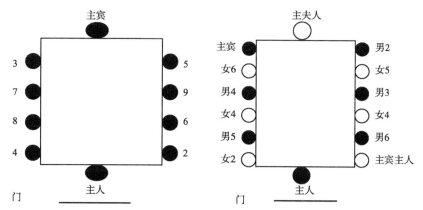

图 5-16　不偕夫人宴会位次示意图　　图 5-17　偕夫人宴会位次示意图

(1)双方就座时一方面对正门,另一方则背对正门。此时的讲究是"面门为上",即面对正门之处为上座,宜请客人就座;背对正门之处为下座,宜由主人就座(图 5-18)。

(2)双方就座时在室内分为左右两侧,面对面地就座,此时的主要讲究则是进门后"以右为上",即进门之后,右侧一方为上座,应让与客人;左侧一方为下座,而应留给主人(图 5-19)。当宾主双方人员不止一人时,情况亦是如此(图 5-20)。

图 5-18　相对式之一

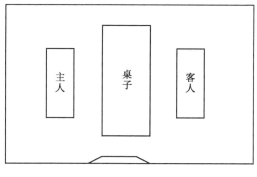

图 5-19　相对式之二

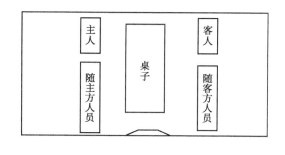

图 5-20　相对式之三

2.并列式

主要做法是:使宾主双方并排就座,以暗示双方之间"平起平坐"、地位相仿。它多适用于礼节性会客。并列式排位主要又分为以下几种:

(1)宾主双方一同"面门为上"而坐。此刻,还须讲究"以右为上"即主人应请客人就座在本人的右侧(图 5-21)。

(2)若双方人员不止一人时,双方其他人员还可各自分别在主人或主宾一侧就座(图 5-22)。

(3)主宾双方一起并排就座于室内右侧或左侧,此时,通常讲究"以远为上",即距离门较远为上座,应让给客人;距离房门较近为下座,应留给主人(图 5-23)。

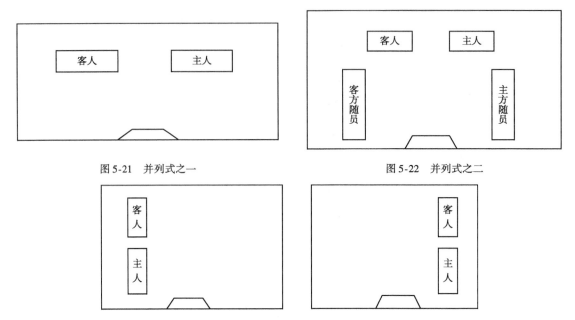

图 5-21 并列式之一　　　　图 5-22 并列式之二

图 5-23 并列式之三

3. 主席式

它大多适用于主人一方同时会见两方或两方以上的客人,进行这种多方会见时,主人应面对正门而坐,来宾应在其对面而坐(图 5-24)。

有时,主人亦可坐在长桌或椭圆桌的尽头,请客人分坐于其两侧(图 5-25)。

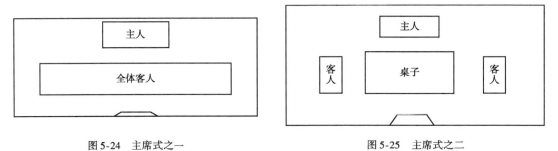

图 5-24 主席式之一　　　　图 5-25 主席式之二

4. 自由式

它的基本做法是:宾主双方不分主次,不讲位次,而由大家一律自由择座。进行多方会晤此法常被采用。

(二)会谈的位次礼仪

1. 双边会谈

双边会谈是指由两个方面参加的会谈。它的位次安排分为横桌式与竖桌式。

(1)横桌式:是指将长条桌或椭圆桌横放在会谈室内,客方人员面门而坐,主方人员背门而坐。除主人、主宾面对面地居中而坐之外,双方的其他人员,应依身份的高低,各自先右后左、自高而低地分坐于自己一方。在国内会谈中,主人与主宾右侧,大多是其副手。而在涉外会谈中,此处则可由其译员就座(图 5-26)。

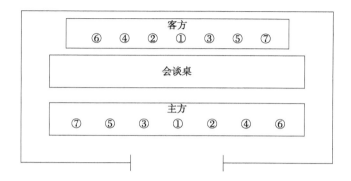

图 5-26　横式桌谈判位次座位示意图

（2）竖桌式：是指将长条桌或椭圆桌竖放在会谈室内。以进门时的方向为准，右侧由客人一方就座，左侧则由主人一方就座。在其他方面，基本上与横桌式排位相仿（图 5-27）。

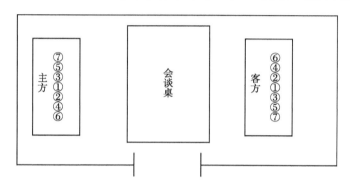

图 5-27　竖式桌谈判位次座位示意图

2. 多边会谈

多边会谈，通常是指由三方或三方以上的人士参加的会谈，其位次安排主要有两种方式。

（1）主席式。操作上与会客时的主席式相同，但在某一方发言时，可以走上主席之位。

（2）自由式。具体做法即自由就座。

（三）会议位次礼仪

会议，在此主要是指各种类型的正式聚会，有大型与小型之分。大型会议与小型会议在安排位次时，具体做法各有不同。

1. 大型会议的位次安排

就当前国内性质的会议而言，大型会议的位次需要分为主席台与群众席。在主席台上安排位次时，一是要安排好发言席，二是要安排好主席团成员席。

1）发言席的位置

发言席，又叫讲坛。在正式会议上，发言席的标准位置有两种：方式一，应使之居于主席团正前方（图 5-28）；方式二，应使之居于主席团右前方（图 5-29）。

2）主席团成员的排位

主席团成员的具体排位，在国内的官方活动中主要应当遵守三条规则：一是中央高于两侧，二是左侧高于右侧，三是前排高于后排。主席团成员的排位又有单数（图5-30）与双数（图5-31）之分。特别需要说明的是，当主席团成员为双数时讲究以右为上。

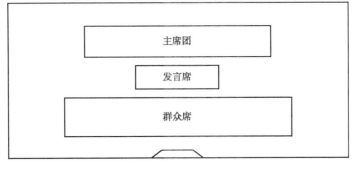

图5-28　发言席位置图之一

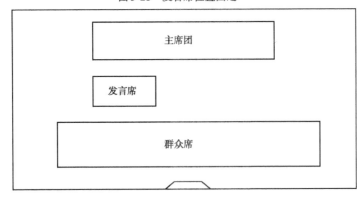

图5-29　发言席位置图之二

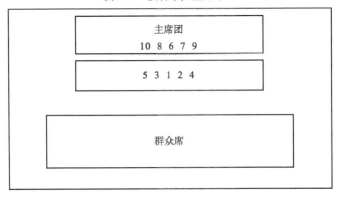

图5-30　主席团位次图之一

3）群众席的排位

它的具体方式主要有两种。其一，自由式。即与会者自行择座，不作统一安排。其二，按与会单位的汉字笔画的顺序或汉语拼音字母的顺序排位。其具体做法，或由前而后横排（图5-32），以进门方向为准，或自左向右竖排（图5-33）。选择其中任何一种均可，两种方法亦可交叉使用。

2. 小型会议的位次安排

国内官方的小型会议举行时,排位有以下两种主要方式。

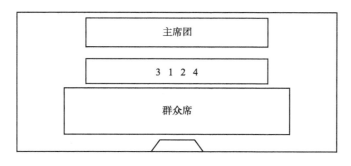

图 5-31　主席团位次图之二

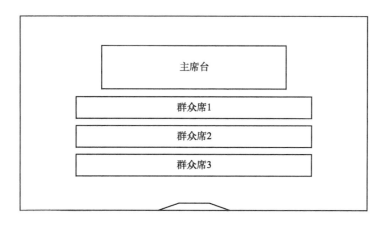

图 5-32　群众席位次之一

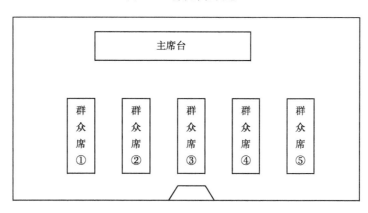

图 5-33　群众席位次之二

一是以桌子为准。举行较正式的小型会议时,可请与会者围绕长条桌或椭圆桌就座,在一般情况下,应以距门较远的会议桌的一端为主席之位(图 5-34)。由此可见,它讲究的也是"以远为上"。其他与会者的位次,则应当自左而右依次排列。

还有一种方式是自由就座。

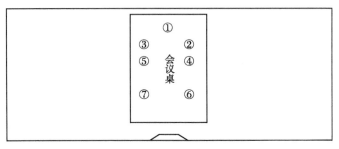

图 5-34　小型会议的位次图

(四) 签字的位次礼仪

签字亦称签字仪式,它是有关各方在正式签署条约、合同或协议时所举行的一项仪式。在举行签字仪式时,主要有以下三种具体的排位方式:

1. 并列式

它是双边签字仪式举行时常见的排位方式。其基本做法是:签字桌面门横放,双方人员并排排列,双方签字人员居中面门而坐,主方居左,客方居右(图 5-35)。

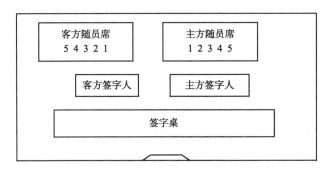

图 5-35　并列式

2. 相对式

它常见于双边签字仪式,其大致做法与并列式相同,只是将双方随员席移至签字人员的对面(图 5-36)。

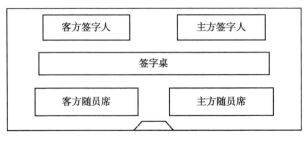

图 5-36　相对式

3. 主席式

它适用于多边签字仪式。此时,签字桌仍然在签字厅内横放,签字席仍然面对正门。但后者只设立一个,而且不固定其就座之人。所有有关各方人员,包括各方签字人在内,均背对正门、面向签字席就座。正式签字时,各方签字人以一定的先后顺序依次走向签字席就座签字。签字之后,即应退回原处就座(图5-37)。

图 5-37　主席式

项目六 客运服务沟通与应对技巧

项目要求

1. 知识目标

(1) 沟通与应对技巧。

(2) 聆听的技巧。

(3) 接打电话的使用技巧。

(4) 纠纷处理。

(5) 客运服务人员沟通与应对技巧。

2. 技能目标

能够掌握沟通的定义,了解沟通的重要性,掌握沟通的基本原则,熟悉沟通过程和沟通的注意事项;能够掌握聆听的定义和聆听的技巧,运用聆听的基本知识,养成良好的礼仪修养,能够在日常生活和工作中付诸实践;能够掌握和运用基本的接打电话的使用技巧,掌握接打电话应注意的礼仪;能够熟悉民事纠纷的处理;客运服务人员能够掌握沟通与应对技巧。

3. 素养目标

沟通是信息传递和人与人之间相互影响、理解的全过程。掌握沟通的技巧,提高个人素养,了解沟通的注意事项,学会并正确运用礼貌用语。聆听是沟通的艺术也是一种修养,更是一门学问,掌握提升聆听能力的技巧,重视聆听在沟通中的重要作用。通过学习客服电话沟通礼貌用语举例,能够掌握接打电话的礼仪,并能够树立起较强的礼仪意识,为将来踏入社会做好准备。人们在社会生活中,难免会发生各种民事纠纷,能够掌握客运纠纷类型和现场处理原则。客运服务人员学会聆听、学会表达、学会使用肢体语言为旅客服务,能够掌握与旅客沟通和应对技巧。

项目描述

沟通,决定着我们的事业成败。沟通与应对技巧的可贵之处在于如何以诚待人、以情动人、以心化人、以理服人。沟通可能帮你解决生活中和工作中出现的各种矛盾,轻松驾驭生活和工作,从而拥有健康的身心、满意的工作、和谐的家庭与人际关系、成功的人生。沟通是凭借一定的符号载体,在个人或群体中进行交流,并获得对方理解的过程。沟通不好就会"痛则不通",沟通好了就会"通则不痛",自我就有良好的感觉。

在沟通的时候,一定要养成一个良好的沟通技巧习惯:说、听、问三种行为都要出现,并且这三者之间的比例要协调,如果具备了这些,将是一个良好的沟通。一个人在社会立足靠的是全面的综合素质,是能力、才智、毅力、机会等不同因素综合作用的结果。需要看到,在信息传递、互动瞬息万变的今天,扎实的工作技能和辛勤的劳作态度,只有配以沟通力的引导,才能取得事半功倍的效果。

6课时。

课题一 沟通与应对技巧

一、沟通与应对的含义、类型

(一) 沟通的含义

按《大英百科全书》的解释,所谓沟通"是若干人或者一群人交换信息的行为"。《牛津大辞典》将沟通解释为"借助语言、文字和形象来传递或交换观点和知识"。沟通是为了设定的目标,把信息、思想和情感在个人或群体间传递,并达成共同协议的过程。

在沟通的定义里,需要学习和明确沟通的三大要素:

1. 沟通一定要有一个明确的目标

只有大家有了明确的目标才叫沟通。如果大家来了但没目标,那么不是沟通,是闲聊天。而我们常常没有区分出闲聊天和沟通的差异,经常有同事或经理都会过来说:某某,咱们出去随便沟通沟通。随便沟通沟通,本身就是一对矛盾。沟通就要有一个明确的目标,这是沟通最重要的前提。

2. 达成共同的协议

沟通结束以后一定要形成一个双方或者多方都共同承认的协议,只有形成了这个协议才叫完成了一次沟通。如果没有达成协议,那么不能称之为沟通。沟通是否结束的标志就是:是否达成了一个协议。在实际的工作过程中,我们常见到大家一起沟通过了,但是最后没有形成一个明确的协议,大家就各自去工作了。由于对沟通的内容理解不同,又没有达成协议,最终造成了工作效率的低下,双方又增添了很多矛盾。在我们明确了沟通的第二个要素的时候,我们应该知道,在和别人沟通结束的时候,一定要用这样的话来总结:"非常感谢你,通过刚才交流我们现在达成了这样的协议,你看是这样的一个协议吗?"这是沟通技巧的一个非常重要的体现,就是在沟通结束的时候一定要有人来做总结,这是一个非常良好的沟通行为。

你可以观察一下,人们在沟通结束后是否有这样的结束语?如果有这样的结束语,那么,标志着是一个良好的沟通技巧。

3. 沟通信息、思想和情感

沟通的内容不仅仅是信息,还包括更加重要的思想和情感。那么信息、思想和情感哪一个更容易沟通呢?是信息。例如:"今天几点钟起床?""现在是几点了?""几点钟开会?""往前走多少米?"

这样的信息是非常容易沟通的。而思想和情感是不太容易沟通的。在我们工作的过程中,很多障碍使思想和情感无法得到一个很好的沟通。事实上我们在沟通过程中,传递更多的是彼此之间的思想,而信息的内容并不是主要的内容。

(二)沟通的重要性

人类最伟大的成功来自沟通,最大的失败来自不愿意沟通(图6-1)。

图6-1 沟通的重要性

沟通主要使思想一致,产生共鸣,减少摩擦争执与意见分歧,疏通情绪,消除心理困扰,排除误解,增进彼此了解,改善人际关系,减少互相猜忌,增强团队凝聚力。

1. 沟通力是生活中不可或缺的素质

在正常的生活中,每个人都很清楚生活质量对自身幸福感的重要性,良好的沟通能力对于维系一个人和家人、朋友之间的正常生活互动是不可或缺的。具有良好的沟通能力,能够让你获得更多亲情、友情,并在生活角色转变时更加从容。

2. 沟通力是职场上的通关工具

外部沟通主要是指与客户、供应商、政府部门等单位或者个人的沟通。这种沟通力,能够积极与对方达成共识,取得良好的双赢结果。内部沟通则是指职场内部同事、上下级之间的沟通,沟通主要目标在于加强工作配合默契度。你应该根据具体的情况需要,定期或者不定期地选择不同方式,工作中团队的其他成员进行信息的交流和传递,从而确保内部人员之间的相互协调,增强团队凝聚力。

3. 沟通力是人际关系的基础

在社会交往中,为了自己的身心得到更加健康的发展,必须要维持和他人良好的人际关系。现代社会中,人和人之间大都存在着较为复杂的关系,想要理顺这些关系并从中受益,必须具备强烈的沟通意识和能力,充分发挥人际沟通的作用。

需要注意的是,人际冲突也是人际关系中隐藏的重要问题。冲突存在于人和人之间的生活、工作关系中。人际关系冲突时有发生,经常会出现种种问题。例如,人际冲突造成组织效率低、团队凝聚力弱,同时也造成个人思想情感问题和人际矛盾的激化。想要避免这些冲突,就需要尽量利用好沟通力,营造自己和他人之间的工作环境,并为自己的发展扫除潜在障碍。人在一起是团伙,心在一起并达成共识是团队。

人类之所以需要社交,不仅在于他们生活的需要,同时也在于心灵支持的需要。而真正成功有效的沟通能够带给人们鼓励和自信、快乐和成功,可以充分展现出自己的魅力,体现一个人的素质,缩短社交中双方原本存在的距离,并打造出良好的社交氛围,是人际交往之中的润滑剂。有效的沟通之所以对于社交很重要,在于沟通能够打开社交过程中双方紧闭的心扉。沟通能够将干戈化为玉帛,协调人和人之间的关系。在适当的时候、适当的场合,沟通可以创造出原本不可能实现的奇迹,让原本陷入困境的事情豁然开朗。因此,如果缺少有效的沟通,即使工作能力很强,也会导致个人发展进入瓶颈。

总之,竞争力是每个人在社会上赖以生存和发展的基础,沟通能力在社会竞争力的总体构成中占有重要的席位。对于任何人来说,沟通能力都是不可或缺的。

(三)应对的含义

应对释义为:

(1)应答:是对答的意思,如应答如流、相为应答。应对:是用言语对答的意思。

(2)采取措施、对策以应付出现的情况,例:应对严峻挑战。

(3)多指事件或事物对答,如应答、呼应、应对(答对)、应和等。

(四)沟通的过程

西方媒体将沟通环节概括为五个"W":第一个"W"是 Who,即谁在说话(信息发出者);第二个"W"是 Whom,即对谁说话(信息接受者);第三个"W"是 What,即说什么(信息内容);第四个"W"是 How 中的 w,即怎么说(信息组织);第五个"W"是 Way,即通过什么方式或途径说(信息通道)。上述五个环节,都会影响沟通的效果。

信息发出者首先通过一定的方式(语言、文字、图像等)或途径(网络、广播电视、文件、电话等)发出信息,信息在传播的过程中会受到各种干扰阻碍而发生损耗,信息接受者收到信息后,会给予反馈或发出自己的信息,使发出者调整信息的内容和组织方式并再次发出,从而开始又一个沟通循环沟通的过程(图6-2)。

图6-2 沟通的过程

在沟通的过程中,常常受到每个人的想法、情感的信息过滤的影响。信息传导过程中的障碍可能来源于外界,也可能来源于我们内心的对话,人际沟通专家把这称作内心噪声。有效沟通既要排除外界干扰,也要减少内心噪声的影响。

(五)沟通的类型

1. 正式沟通与非正式沟通

(1)正式沟通是指在组织系统内,依据一定的组织原则所进行的信息传递与交流。例如组织与组织之间的公函来往,组织内部的文件传达、召开会议,上下级之间定期的情报交换等。另外,团体所组织的参观访问、技术交流、市场调查等也在此列。

正式沟通的优点是沟通效果好,比较严肃,约束力强,易于保密,可以使信息沟通保持权威性。重要的信息和文件的传达、组织的决策等,一般都采取这种方式。其缺点是由于依靠组织系统层层的传递,所以较刻板,沟通速度慢。

(2)非正式沟通是指正式沟通渠道以外的信息交流和传递,它不受组织监督,自由选择沟通渠道。例如团体成员私下交换看法,朋友聚会,传播谣言和小道消息等都属于非正式沟通。非正式沟通是正式沟通的有机补充。在许多组织中,决策时利用的情报大部分是由非正式信息系统传递的。同正式沟通相比,非正式沟通往往能更灵活迅速地适应事态的变化,省略许多繁琐的程序;并且常常能提供大量的通过正式沟通渠道难以获得的信息,真实地反映员工的思想、态度和动机。因此,这种动机往往能够对管理决策起重要作用。

非正式沟通的优点是沟通形式不拘,直接明了,速度很快,容易及时了解到正式沟通难以提供的"内幕新闻"。非正式沟通能够发挥作用的基础,是团体中良好的人际关系。其缺点表现在,非正式沟通难以控制,传递的信息不确切,易于失真、曲解,而且,它可能导致小集团、小圈子,影响人心稳定和团体的凝聚力。

2. 单向沟通与双向沟通

沟通按照是否进行反馈,可分为单向沟通和双向沟通。

(1)单向沟通是指发送者和接受者两者之间的地位不变(单向传递),一方只发送信息,另一方只接收信息。单向沟通的速度快,信息发送者的压力小。但是接收者没有反馈意见的机会,不能产生平等和参与感,不利于增加接收者的自信心和责任心,不利于建立双方的感情。

(2)双向沟通中,发送者和接受者两者之间的位置不断交换,且发送者是以协商和讨论的姿态面对接受者,信息发出以后还需及时听取反馈意见,必要时双方可进行多次重复商谈,直到双方共同明确和满意为止,如交谈、协商等。双向沟通的优点是沟通信息准确性较高,接受者有反馈意见的机会,产生平等感和参与感,增加自信心和责任心,有助于建立双方的感情。

3. 语言沟通与非语言沟通

(1)语言性沟通,语言是传递信息的符号,包括所说的话和所写的字。要注意的是所用的符号应当是为发出者和接受者都能准确理解的。当然采用相同的语系是必要的,也是相对较简单的,困难的是要求双方所用词的含意也要有同样的理解。例如,护士使用术语与病人交谈,就容易造成沟通不良,所以要重视反馈所表达的信息和对方所接受的信息是否相同。

(2)非语言沟通又称肢体语言,指的是人们在沟通过程中,不采用语言作为表达意见的工具,而运用其他非语言的方式传递信息。非语言沟通一般可以区分为静态和动态两种:

①静态非语言沟通包括容貌、体态、声调、衣着、服饰以及仪表。在体态语中影响最大的是面部表情,在人的五官中最富表现力的是眼睛,"眼睛是心灵的窗户",这绝非夸张之语。一个人有没有说谎,首先看他敢不敢直视你的眼睛。其次是他的嘴巴。描写人情绪的词汇大多集中在眼部和口部。如目瞪口呆、扬眉吐气、眉飞色舞、眉来眼去、暗送秋波、张口咬牙切齿等。图 6-3 是一组描述人几种表情的图片,其变化主要表现在眼睛和嘴巴上。

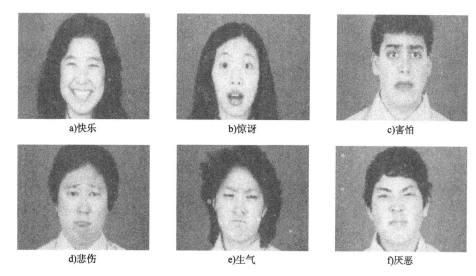

图 6-3　沟通的表情

②动态非语言沟通可根据所使用的符号系统分为四类：

a. 动觉系统：手势、表情、体态等。

b. 超语言（额外语言）：音质、振幅、音调、停顿、流畅、语气、速度等。

c. 时空接近：时间、空间、朝向、距离等。

d. 视觉沟通：目光接触等。

例子：一位车间主任，他在和工长讲话的时候，心不在焉地抬起一小块碎砖。他刚一离开，工长就命令全体员工加班半小时，清理车间卫生。实际上车间主任并未提到关于清理卫生一个字。

二、沟通的基本原则与技巧

沟通是可理解的信息或思想在两个或两个以上人群中的传递或交换的过程，是同周围环境进行信息交换的一个多元化过程，是信息传递、反馈、互动的过程。没有不沟通的信息，也没有无信息的沟通，沟通是信息的运动，信息又是沟通的材料。一句话，沟通是信息传递和人与人之间相互影响、理解的全过程。

（一）基本原则

1. 尊重是前提

尊重有自我尊重和获得别人尊重两个方面。人们的思想和言行是有差异的，应当承认并尊重这种客观存在。被尊重是人的本质需要，美国心理学家威廉·詹姆斯说："人性中最强烈的欲望便是希望得到他人的敬慕。"人们渴望获得他人的认可和肯定，包括给予尊重、赞美、赏识和承认地位。

有效的赞美和鼓励，出于真心、词语得体、务实新颖、不落俗套、时机合适、大方自然，可以使他人感到自信，有一种获得声望、力量和成就的感受。虚伪的奉承，其出发点、言行及效果则完全相反。在沟通时，要严格区分赞美与奉承这两个截然不同的概念，并把握好赞美的"度"，真正使他人感到愉悦、感受到你的诚意。

尊重是一种涵养,尊重是不分对象的,无论对方的地位和身份如何,学会善待每一个人,尤其对弱者和身处逆境的人更要尊重。尊重是相互的,要尊重对方的人格和自尊心,只有尊重他人,才能赢得他人的尊重,只有学会尊重,才会有真正意义上的沟通。

尊重人才是强国兴企的核心问题,古今中外,皆无例外。微软公司总裁比尔·盖茨,在哈佛大学读大三时,就弃学与好友一起创业,他尊重人才,选拔、吸纳、重用优秀人才,给人才创造和谐的环境氛围、提供事业发展的良好平台,事业获得公认的成功。比尔·盖茨讲:"每天都拥有非常多的、能力比我强的人在为我工作,我当然成为世界上最有钱的人。"微软公司的成功,是企业实施"人才战略"的成功范例之一。

2. 理解是途径

古人云:"处人不可任己意,要悉人之情;处事不可任己见,要悉事之理"。因为人的想法和需要往往与他的身份角色、内外态势、个人素质、时空因素密切相关,换位思考有"身临其境"的感受。理解是人际沟通的基本途径和润滑剂,通过反馈互动,有利于形成共识。

湖南省湘西一个北高南低的山谷地域,居住着二百多户人家,分别属于两个行政村,北边为龙排村,南边为永庄村。谷地中部区段,全部是梯式水稻田,农田灌溉的水源,主要靠大山顺势而下的一条溪流,雨季时水量充沛,干旱季节,两个村的农田都缺水,尤其是永庄村的农田,有时甚至干裂成网格状。干旱时,水流量小,上游的村民要筑坝蓄水,下游的村民则要扒坝放水,长期以来,两村为水的矛盾和纠纷不断。2003年,有一次双方几十人发生群殴,各方都有人员受伤,由于民警闻讯赶到,才制止了事态进一步扩大。事后,兴坪乡领导主持召开两村干部和村民代表参加的"和谐协调会",通过两天的学习和沟通,与会人员认识到"和则双赢、斗则两伤",两村干部分别作了自我批评,本着顾全大局、相互理解、相互谦让、构建和谐双边关系的精神,签订了"友好协议书"。其中,解决水的问题,"协议书"中有这样一段话:"成立农田用水五人协调小组(组长由乡政府指派人员兼任),统一负责管理流经两村的水源;乡政府派出技术人员,会同两村代表勘查'水路',本着有利于蓄水、节水、分流及水资源共享的原则,提出溪水渠道整治改造方案,经乡、村二级联席会议审定后组织实施,项目工期为150天,资金来源由乡政府支持60%,两村各承担20%"。通过沟通和理解,两村握手言和,解决了长久以来"水源"的纠纷问题。

"诸葛亮挥泪斩马谡",虽然是一个悲惨的结局,又是双方理解的另一种特例。一方面是马谡,由于街亭失守,自知罪责重大,性命难保,并不怨恨丞相,而是悔恨自己骄傲大意,不听丞相的叮嘱,不理睬部下的劝告,给战局带来不可挽回的灾难;另一方面是诸葛亮,认为马谡善出计谋,聪明过人,年轻有为,然而军法如山,必须秉公办事,决不能徇私情。

事情的经过是这样的:公元228年,诸葛亮为实现国家统一,发动了北伐曹魏的战争,街亭之战仅是其中的一次战役。街亭是个咽喉通道,两军必争之地,若失街亭,就等于掐断了蜀军的粮道,为此,诸葛亮选定马谡扼守。马谡非常自信地说:"丞相请放心吧!对付张郃(魏国名将),不在话下。"诸葛亮为慎重起见,派用兵谨慎的王平为副将,然后,又作了一番嘱咐,就命令他俩带领2.5万大军出发了。到达街亭后,马谡自作聪明,违背丞相要他在道口安营扎寨的嘱咐,又置王平的劝告于不顾,把兵力部署在南山上面。魏国名将张郃听说马谡在街亭的南山之上屯兵,心中窃喜,立即派5万人围住南山,围而不攻,断其水源,以困死马谡。几战下来,蜀兵伤亡惨重,无水无饭,不战而乱,半夜投魏者有之。马谡只好下令"放弃南山、放弃街亭",带着残兵败将逃跑。马谡逃回以后,诸葛亮详细查明街亭失守的责任后,挥泪下令,将马谡斩首,以严明军法。

3. 真诚是心态

"以诚感人者,人亦以诚而应。"崇尚真诚是时代的主旋律,真诚比财富珍贵,真诚是人的内心美,真诚可以获得信任、赢得友谊,用真心去沟通,是解决问题的灵丹妙药,往往会得到意想不到的效果。

在长征途中,中共中央于1935年1月在遵义召开了政治局扩大会议,从此,中央红军在毛泽东的指挥下,灵活机动,积极主动,四渡赤水,南渡乌江,5月9日又全部渡过了金沙江,摆脱了几十万国民党军队的围追堵截。休整五天后,中央红军继续北上,进入到四川境内的大凉山彝族地区,由于受国民党反动宣传的影响,彝族群众对红军产生了误解,设障阻止红军通过彝族地区,红军总参谋长刘伯承主动与彝族沽基部落首领小叶丹"沟通",宣传党的民族政策,宣传红军北上抗日的重大意义,揭穿国民党的欺骗性,用真诚感动了小叶丹,并通过小叶丹使其他部落保持中立,5月20日上午,刘伯承和小叶丹结盟,按彝家规矩并排跪地喝"鸡血酒",立誓为盟,化解了汉彝矛盾、化解了一次危机。从而,红军顺利地通过了彝族地区,继续北上,奔赴抗日救国的前线。

4. 宽容是方法

宽容是一种胸怀、一种自信、一种修养,是一种人生境界。世界是五彩缤纷的,人的个性是多样性的,要大度,要有相容性,宽容易于寻找原则性与灵活性的最佳结合点,求同存异,协调合作。宽容可以化干戈为玉帛,宽容是建立良好人际关系的法宝。

(二)沟通的技巧

1. 提高个人素养

提高个人素养是终身受益的大事,人的素养高低是与个体密切相关的多元函数,因此,不同的个体,素养是各异的。有上进心的人,都将设法不断提升个人的素养,这对事业和工作有利,当然也是"沟通技巧"的良好基础。

提高个人素养,是一个长期的过程,要有目标、有对策、有毅力,要有总结和持续改进。提高个人素养主要有以下几个方面:

一是礼仪形象塑造。这是一个人的名片,"不学礼、无以立",给人的"第一印象"十分重要。

二是品格修炼,要学会做人才能把事做好。党的十八大提出,倡导富强、民主、文明、和谐,倡导自由、平等、公正、法治,倡导爱国、敬业、诚信、友善,积极培育和践行社会主义核心价值观。富强、民主、文明、和谐是国家层面的价值目标,自由、平等、公正、法治是社会层面的价值取向,爱国、敬业、诚信、友善是公民个人层面的价值准则,这24个字是社会主义核心价值观的基本内容。社会主义核心价值观是社会主义核心价值体系的内核,体现社会主义核心价值体系的根本性质和基本特征,反映社会主义核心价值体系的丰富内涵和实践要求,是社会主义核心价值体系的高度凝练和集中表达,是中国对我国的每一个成员的严格要求。

三是秉承生命不息、学习不止的理念。只有持续学习,才能与时俱进,才能不断丰富知

识、增长才干,在沟通中就会游刃有余,就能多一点思路、多一些话语、多一份幽默、多一种情趣、多一级应变。

2. 沟通前做好准备

了解、收集对方的背景和个人资料;不同国籍、民族、地域的文化理念各异,个人的性格、特长、爱好等也各不相同;对不同类型的沟通,如涉外沟通、内部沟通(上行或下行以及平行沟通)、商务沟通、公关沟通、应聘沟通等,由于其特征的差异性,在策略、方法与技巧方面,要设计或选用有针对性的方案;明确沟通目标和底线,事先对沟通可能出现的多种情况有思考、有应急预案,必要时,需有人员陪同及带好相关资料;选择或商定合适的沟通时间和地点。

文化主要是指一个群体的思维方式和核心价值体系。因历史渊源、意识形态、地域民族、发展状况、风土人情的不同,自然形成了不同的文化,这很容易造成沟通双方的误解。为此,在沟通前了解跨文化的差异与禁忌及个人特质,对实现有效沟通是十分必要的。

不同的国家,人们在沟通中也有些不同。比如,德国是一个充满理性的国家,德国人做事十分周密,不喜欢含糊其辞,比较固执己见,与其沟通时,要有"攻坚"的思想准备,实质问题可先行一步、表明态度、试探互动。北欧人一般较为随和、平静、不易激动,讲话大多慢条斯理,然而有条不紊,出现沟通障碍时,常会提出建设性意见供商榷,与其沟通时,最好是以桃报李、以诚相待、坚守底线、灵活应对。

3. 沟通中灵活应对

沟通的关键在于自信。有了自信,就能克服和消除心理上、交际上的障碍,就不会恐惧、不会怯场,就能得心应手地用智慧驾驭沟通。

要善于聆听。聆听既是促进沟通的基本要求,也是有效沟通的重要环节。沟通对象是客观的、不以主观意识而改变的,是有差异的,因此,对不同的沟通对象,要有较大的"适应性",多听少说,微笑面对,表明你尊重对方,愿意接纳对方。此时,对方也会比较愿意接纳你,这就有了沟通的氛围。聆听时要专注有耐心、真诚而不带成见,沟通主题择机切入,引导对方多讲,积极互动,把声音回应与肢体表情有机结合起来,呼应得体,必要时,可酌情提问。聆听能够多获得一些信息,通过检索,分析提炼,有利于应对或适时调整对策。

以平静的心去进行沟通。坦诚认真,有责任心,热情处事,面对领导、权威、长者、名人时,不自卑、不胆怯。

言行举止文明礼貌。记住对方的名字,平易近人、态度谦和、不亢不卑,一般不打断对方讲话、不马上指出对方错误;去掉沟通时面无表情、心不在焉、眼神飘移、易于冲动、固执己见、好为人师、有口头禅等一些不良习惯。

"诚信是金"。要本着平等、诚信、互补、互惠、互谅及"老少无欺"的精神;阐述意见或观点时,逻辑严密、观点明确、词语贴切、言简意赅、声调适宜、表情自然、关注反馈,必要时,可重复要点,力求沟通达到预期结果。

勇于面对沟通障碍。沟通中的障碍、反馈互动是正常的,要敢于在沟通的实践中磨炼,重新审视彼此关切,"着重现实、不忘大局";必要时,可视不同情况,启动应急预案或其他对策(如暂时休会、分步实施、迂回缓进、刚柔并济、以静制动……),但都要围绕目标进行,逐步扩大共识,化解或缩小分歧,把沟通引向理解、融洽和目标达成。

4. 沟通后适时维护

多种沟通都有重复性,而不是一次性的。唯物辩证法告诉我们,相互联系是事物的普遍本质之一,世界上一切事物、现象和过程都是这样或那样地联系着,整个世界是相互联系的统一整体。为此,要从长计议,不能一次沟通后就"万事大吉"了,不能"有事找上门,无事漠视人",若是这样,下次沟通或处事就可能会有不畅了。"一分耕耘、一分收获",要适时联络对方,关注对方,若得知对方有难处时,要乐于助人,或主动提供有助于问题解决的信息,使对方感到你的诚意。因此,沟通后适时维护,既是保持和发展友情的要求,更是下次沟通或工作之必需。"人脉"是工作顺利、事业成功不可或缺的重要资源。

有些公司在节庆(或客户生日)时,向客户发去贺电、电子邮件或短信,使客户有一种温馨感,这也是沟通后浇灌"友谊之花"的方式之一。

三、沟通的注意事项

随着现代社会工作和生活节奏的加快,许多人越来越多地为工作忙碌,他们真正用来和他人相处沟通交流的时间越来越短,矛盾也会就此越来越多地出现,从而导致他人真正需要的尊重,自己却无法顾及,这样,就更难通过沟通真正了解他人的需要和看法。在真正交流的时候,有些人也习惯于摆出理所应当的架势,将沟通对方放在弱势位置,将他们打开心扉的门堵上,导致沟通缺乏平等,自然他们不会在沟通中说真心话。

(一)换位思考

沟通是一门艺术。在沟通的过程中,适当地运用换位思考,可以使沟通更有说服力,更容易达到沟通的目的。

机会总是光顾那些有思想准备的人。与人沟通,首先要有一个预想,也就是这次沟通要达到一个什么目的。这就需要提前准备,把沟通的时间、地点、对象、主题、方式及注意事项列出来。另外,要预测可能遇到的意外和争执。

(二)用语礼貌

在交谈中,一定要和善多用礼貌语。

例如:常用的礼貌语有"请""谢谢""对不起""您好""麻烦你了""拜托了""可以吗""您认为怎样"等。同时,可根据礼貌用语表达语意的不同,选择不同的礼貌语。

1. 问候语

问候语一般不强调具体内容,只表示一种礼貌。在使用上通常简洁、明了,不受场合的约束。无论在任何场合,与人见面都不应省略问候语。同时,无论何人以何种方式向你表示问候,都应给予相应的回复,不可置之不理。例如与人交往中,常用的问候语主要有:"你好""早上好""下午好""晚上好"等。

2. 欢迎语

欢迎语是接待来访客人时必不可少的礼貌语。例如:"欢迎您""欢迎各位光临""见到您很高兴"等。

3. 请托语

请托语是指当你向他人提出某种要求或请求时应使用的必要的语言。当你向他人提出

某种要求或请求时,一定要"请"字当先,而且态度语气要诚恳,不要低声下气,更不要趾高气扬。例如:常用的请托语有"劳驾""借光""有劳您""让您费心了"等。在日本,人们常用"请多关照""拜托你了"。

4. 征询语

征询语是指在交往中,尤其是在接待的过程中,应经常地、恰当地使用。例如:"您有事需要帮忙吗""我能为您做些什么""您还有什么事吗""我可以进来吗""您不介意的话,我可以看一下吗""您看这样做行吗"等征询性的语言,这样会使他人或被接待者感觉受到尊重。

5. 赞美语

赞美语是指向他人表示称赞时使用的用语。在交往中,要善于发现、欣赏他人的优点长处,并能适时地给予对方以真挚的赞美。这不仅能够缩短双方的心理距离,更重要的是它能够体现出你的宽容与善良的品质。例如,常用的赞美语有:"很好""不错""太棒了""真了不起""真漂亮"等。面对他人的赞美,也应做出积极、恰当的反应。例如,"谢谢您的鼓励""多亏了你""您过奖了""你也不错嘛"等。

6. 拒绝语

拒绝语是指当不便或不好直接说明本意时,采用婉转的词语加以暗示,使对方意会的语言。在人际交往中,当对方提出问题或要求,不好向对方回答"行"或"不行"时,可以用一些推脱的语言来拒绝。例如,对经理交代暂时不见的来访者或不速之客,可以委婉地说:"对不起,经理正在开一个重要的会议,您能否改日再来?""请您与经理约定以后再联系好吗?"如果来访者依然纠缠,则可以微笑着说:"实在对不起,我帮不了您。"

7. 致歉语

在日常的同事之间沟通交往中,人们有时难免会因为某种原因影响或打扰了别人,尤其当自己失礼、失约、失陪、失手时,都应及时、主动、真心地向对方表示歉意。例如,常用的致歉语有"对不起""请原谅""很抱歉""失礼了""不好意思,让您久等了"等。当你不好意思当面致歉时,还可以通过电话、手机短信等其他方式来表达。

课题二　聆听的技巧

苏格拉底说,自然赋予我们人类一张嘴巴、两只耳朵,也就是让我们多听少说。聆听不是简单地用耳朵来听,它也是一门艺术。聆听属于有效沟通的必要部分,以求思想达成一致和感情的通畅。狭义的聆听是指凭助听觉器官接受言语信息,进而通过思维活动达到认知、理解的全过程;广义的聆听包括文字交流等方式。其主体者是听者,而倾诉的主体者是诉说者。两者一唱一和有排解矛盾或者宣泄感情等优点。聆听者作为真挚的朋友或者辅导者,要虚心、耐心、诚心和善意为倾诉者排忧解难。

一、聆听的定义

《现代汉语词典》中聆听的定义:凭助听觉器官接受言语信息,进而通过思维活动达到认知、理解的全过程。

聆听是一种情感的活动,它不仅仅是耳朵能听到相应的声音。聆听还需要通过面部表情,肢体的语言,还有用语言来回应对方,传递给对方一种你很想听他说话的感觉。在聆听时应该给被聆听者充分的尊重、情感的关注和积极的回应。

聆听的"听"字在繁体中文"聽"字里有一个"耳"字,说明听字是表示用耳朵去听的;听字的下面还有一个"心"字,说明聆听时要用"心"去听;听字里还有一个"目"字,说明你听时应看着别人的眼睛听;在"耳"的旁边还有一个"王"字,"王"字代表把说话的那个人当成是帝王来对待。

从听字的繁体结构中可以看出,聆听时不仅要用"耳朵",还要用"心",用"眼睛",更重要的是要把你对面的那个人当成是帝王,充分地去尊重他。聆听的表情见图6-4。

聆听是在接纳基础上,积极地听,认真地听,关注地听,并在聆听时适度参与。聆听的作用:聆听是心理咨询的第一步,是建立良好咨询关系的基本要求;聆听可以表达对求助者的尊重;聆听能使求助者在比较宽松和信任的氛围中诉说自己的烦恼;聆听本身就具有助人的效果。

图6-4 聆听的表情

二、聆听的内容

聆听不但要听清楚别人在讲什么,而且要给予别人好的感觉,那么听时都在听什么呢?对听者来说,需要听两点:

1. 听事实

聆听事实意味着需要能听清楚对方说什么。要做到这一点,就要求服务代表必须有良好的听力。

2. 听情感

与听事实相比,更重要的是听情感。在听清对方说事实时,还应该考虑对方的感受是什么,需不需要给予回应。

三、聆听是沟通的艺术

有一个古老的哲学问题:森林中一棵树倒了下来,那儿不会有人听到,那么能说它发出声响了吗?关于沟通,我们也可以问类似的问题:如果你说话时没人听,那么能说你进行沟通了吗?

在组织沟通中,言谈是最直接、最重要和最常见的一种途径,有效的言谈沟通很大程度上取决于聆听。作为团体,成员的聆听能力是保持团队有效沟通和旺盛生命力的必要条件;作为个体,要想在团队中获得成功,聆听是基本要求。在对美国500家最大公司进行的一项调查表明,做出反应的公司中超过50%的公司为他们的员工提供听力培训。有研究表明:那些是很好的聆听者的学生比那些不是很好的聆听者的学生更为成功。在工作中,聆听已被看作是获得初始职位、管理能力、工作成功、事业有成、工作出色的重要必备技能之一。

在聆听的过程中,如果人们不能集中自己的注意力,真实地接受信息,主动地进行理解,就会产生聆听障碍。在人际沟通中,造成信息失真。

影响聆听效率的障碍不外乎以下三点:

(一)环境干扰

环境对人的听觉与心理活动有重要影响,环境中的声音、气味、光线以及色彩、布局,都会影响人的注意力与感知。布局杂乱、声音嘈杂的环境将会导致信息接收的缺损。

(二)信息质量低下

双方在试图说服、影响对方时,并不一定总能发出有效信息,有时会有一些过激的言辞、过度的抱怨,甚至出现对抗性的态度。现实中我们经常遇到满怀抱怨的顾客,心怀不满的员工,剑拔弩张的争论者。在这种场合,信息发出者受自身情绪的影响,很难发出有效的信息,从而影响了倾听的效率。

信息质量低下的另一个原因是,信息发出者不善于表达或缺乏表达的愿望。例如,当人们面对比自己优越或地位高的人时,害怕"言多必失"以致留下坏印象,因此不愿意发表自己的意见,或尽量少说。

(三)聆听者主观障碍

在沟通的过程中,造成沟通效率低下的最大原因就在于聆听者本身。研究表明,信息的失真主要是在理解和传播阶段,归根到底是在于聆听者的主观障碍。

1. 个人偏见

即使是思想最无偏见的人也不免心存偏见。在一次国际会议上,以色列代表团的成员们在阐述其观点时,用了非常激烈的方式,他们抱怨泰国代表对会议不表示任何兴趣或热情,因为他们"只是坐在那里",而泰国代表则认为以色列教授非常愤怒,因为他们"用了那么大的嗓门"。所以,在团队中成员的背景多样化时,聆听者的最大障碍就在于自己对信息传播者偏见,而无法获得准确的信息。

2. 先入为主

在行为学中被称为"首因效应",它是指在进行社会知觉的过程中,对象最先给人留下的印象,对以后的社会知觉发生重大影响。也就是我们常说的,第一印象往往决定了将来。人们在聆听过程中,对对方最先提出的观点印象最深刻,如果对方最先提出的观点与聆听者的观点大相径庭,聆听者可能会产生抵触的情绪,而不愿意继续认真聆听下去。

3. 自我中心

人们习惯于关注自我,总认为自己才是对的。在聆听过程中,过于注意自己的观点,喜欢听与自己观点一致的意见,对不同的意见往往是置若罔闻,这样往往错过了聆听他人观点的机会。

四、聆听的技巧

聆听的能力是一种艺术,也是一种技巧。聆听是一种修养,更是一门学问。要想赢在职

场就要学会聆听,沟通中聆听的技巧有以下几个方面:

1. 注意观察非语言行为,鼓励对方先开口

即说者的语音语调、身体姿势、手势、脸部表情等,理解这些因素带来的信息,让聆听更有效。

首先,聆听是一种礼貌,愿意聆听别人说话表示乐于接受别人的观点和看法,这会让说话者有一种备受尊重的感觉,有助于建立和谐、融洽的人际关系。其次,鼓励对方先开口可以有效降低交谈中的竞争意味,因为聆听可以培养开放融洽的沟通气氛,有助于双方友好地交换意见。最后,鼓励对方先开口说出他的看法,就有机会在表达自己的意见之前,掌握双方意见一致之处。这样一来,就可以使对方更愿意接纳意见,从而使沟通变得更和谐、更融洽。

2. 观看对方,表示兴趣,营造轻松、舒畅的氛围

这个姿态是对对方说话人的一种尊重和鼓励,只有你对对方表示出兴趣,对方才有说的愿望与激情。

在紧张、拘束的沟通气氛中,谁都不愿意把自己的真实心声说出来,也就自然谈不上聆听。聆听需要营造一个轻松、舒适的环境,这样,说话者才能放松心情,把内心的真实想法、困扰、烦恼等毫无顾虑地说出来。因此,在与人交谈时,最好选择一个安静的场所,不要有噪声的干扰。如果有必要,最好将手机关掉,以免干扰谈话。聆听的姿态见图6-5。

图6-5 聆听的姿态

3. 听出对方的言外之意,善于引导对方

例如,"这个建议非常有意思,你也太幼稚了",爱情中常见的相关语"其实你人很好,我不想跟你在一起"。

在交谈过程中,我们可以说一些简短的鼓励性的话语,如"哦""嗯""我明白了"等,以向对方表示我们正在专注地听他说话,并鼓励他继续说下去。当谈话出现冷场时,也可以通过适当的提问引导对方说下去。例如,"你对此有什么感觉""后来又发生了什么"等。

4. 对对方观点加以设想,懂得与对方共鸣

在聆听时,根据对方传递过来的信息,要加以设想,理解其语言及所描述的语境,通过设想更加体察和理解说者的意图。

有效的聆听还要做到设身处地,即站在说话者的立场和角度看问题。要努力领会对方所说的题中之意和言辞所要传达的情绪与感受。有时候,说话者不一定会直接把他的真实情感告诉我们,这就需要我们从他的说话内容、语调或肢体语言中获得线索。

例如,如果无法准确判断他的情感,也可以直接问:"那么你感觉如何"。询问对方的情感体验不但可以更明确地把握对方的情绪,也容易引发更多的相关话题,避免冷场。当我们真正理解了对方当时的情绪后,应该对对方给予肯定和认同:"那的确很让人生气""真是太不应该了"等,让对方感觉我们能够体会他的感受并与他产生共鸣。

5. 适时地表达自己的意见

谈话必须有来有往,所以在不打断对方谈话的原则下,也应适时地表达自己的意见,这是正确的谈话方式。这样做还可以让对方感受到,你始终都在注意地听,而且听明白了。还有一个效果就是可以避免你走神或疲惫。

6. 配合表情和恰当的肢体语言

当你与人交谈时,对对方活动的关心与否直接反映在你的脸上,所以,你无异于是他的一面镜子。

例如:光用嘴说话还难以造成气势,必须配合恰当的表情,用嘴、手、眼、心灵等去说话。但要牢记切不可过度地卖弄,如过于丰富的面部表情、手舞足蹈、拍大腿、拍桌子等。

7. 肯定对方的谈话价值

在谈话时,即使是一个小小的价值,如果能得到肯定,讲话者的内心也会很高兴的,同时对肯定他的人必然产生好感。因此,在谈话中,一定要用心地去找对方的价值,并加以积极的肯定和赞美,这是获得对方好感的一大绝招。

例如:对方说:"我们现在确实比较忙",你可以回答:"您坐在这样的领导位子上,肯定很辛苦。"

8. 避免虚假的反应

在对方没有表达完自己的意见和观点之前,不要做出比如"好!我知道了""我明白了""我清楚了"等反应。这样空洞的答复只会阻止你去认真聆听客户的讲话或阻止了客户的进一步的解释。在对方看来,这种反应等于在说"行了,别再啰唆了。"如果你恰好在他要表达关键意思前打断了他,被惹恼了的客户可能会大声反抗:"你知道什么?"那就很不愉快了。

五、提升聆听能力的技巧

1. 永远都不要打断对方的谈话

可以这样说,在这个世界上应该没有一个人说我喜欢或习惯打断别人的谈话,很多时候一些人的聆听能力是很差的,他们都不是无意打断,而是有意识地打断对方的谈话。无意识地打断是可以接受的,有意识地打断却是绝对不允许的。无意识地打断客户的谈话是可以理解的,但也应该尽量避免;有意识地打断别人的谈话,对于客户来讲是非常不礼貌的。当你有意识地打断一个人谈话以后,你会发现,你就好像挑起来了一场战争,你的对手会以同样的方式来回应你,最后你们两个人的谈话就可能变成了吵架。因此有意识地打断是绝对不允许的。

2. 清楚地听出对方的谈话重点

当你与对方谈话时,如果对方正确地理解了你谈话中的意思,你一定会很高兴。至少他知道你成功地完成了我们上边所说的"听事实"的层面。

能清楚地听出对方的谈话重点,也是一种能力。因为并不是所有人都能清楚地表达自己的想法,特别是在不满、受情绪的影响的时候,经常会有类似于"语无伦次"的情况出现。而且,除了排除外界的干扰、专心致志地倾听以外,你还要排除对方的说话方式给你的干扰,不要只把注意力放在说话人的咬舌、口吃、地方口音、语法错误或"嗯""啊"等习惯用语上面。

3. 给予对方真诚的赞美

对于对方说出的精辟见解、有意义的陈述,或有价值的信息,我们要及时予以真诚的赞美。

例如:"你说的这个故事真棒""你这个想法真好""你的想法真有见地"等,这种良好的回应可以有效地激发对方的谈话兴致。

适时提出疑问。虽然打断别人谈话是一种很不礼貌的行为,但"乒乓效应"则是例外。所谓"乒乓效应",是指我们在聆听过程中要适时地提出一些切中要点的问题或发表一些意见和看法,来响应对方的谈话。此外,如果有听漏或不懂的地方,要在对方的谈话暂告一段落时,简短地提出自己的疑问之处。

4. 配合表情和恰当的肢体语言

当你与人交谈时,对对方活动的关心与否直接反映在你的脸上,所以,你无异于是他的一面镜子。

在与人交谈时,即便我们还没有开口,我们内心的真实情绪和感觉就已经通过肢体语言清楚地展现在对方眼前了。如果我们在聆听时态度比较封闭或冷淡,对方自然就会特别注意自己的一言一行,比较不容易敞开心胸。反之,如果我们聆听时态度开放、充满热情,对方的谈话内容很感兴趣,对方就会备受鼓舞,从而谈兴大发。激发对方谈兴的肢体语言主要包括:自然微笑,不要双臂交叉抱于前胸,不要把手放在脸上,身体略微前倾,时常看对方的眼睛,微微点头等。

光用嘴说话还难以造成气势,所以必须配合恰当的表情,用嘴、手、眼、心灵等去说话。但要牢记切不可过度地卖弄,如过于丰富的面部表情、手舞足蹈、拍大腿、拍桌子等。

5. 暗中回顾,整理出重点,并提出自己的结论

聆听别人谈话时,我们通常都会有几秒钟的时间,可以在心里回顾一下对方的谈话内容,分析总结出其中的重点。在聆听过程中,我们只有删除那些无关紧要的细节,把注意力集中在对方谈话内容的重点上,并且在心中牢记这些重点,才能在适当的时机给予对方清晰的反馈,以确认自己所理解的意思和对方一致。

例如:"你的意思是……吗""如果我没理解错的话,你的意思是……对吗"等。

暗中回顾并整理出重点,也可以帮助我们继续提出问题。如果我们能指出对方有些地方话只说到一半或者语焉不详,说话的人就知道,我们一直都在听他讲话,而且我们也很努力地想完全了解他的话。如果我们不太确定对方比较重视哪些重点或想法,就可以利用询问的方式,来让他知道我们对谈话的内容有所注意。

6. 接受说话者的观点

如果我们无法接受说话者的观点,那我们可能会错过很多机会,而且无法和对方建立融洽的关系。就算是说话的人对事情的看法与感受,甚至所得到的结论都和我们不同,他们还是可以坚持自己的看法、结论和感受。尊重说话者的观点,可以让对方了解,我们一直在听,而且我们也听懂了他所说的话,虽然我们不一定同意他的观点,我们还是很尊重他的想法。若是我们一直无法接受对方的观点,我们就很难和对方彼此接纳,或共同建立融洽的关系。除此之外,也能够帮助说话者建立自信,使他更能够接受别人不同的意见。

课题三　接打电话的使用技巧

现代社会,各种高科技的手段拉近了人与人之间的距离,即使远隔天涯,也可以通过现

代通信技术近若比邻。事实上,我们在日常的沟通活动中,借用的最多的工具就是电话。电话使人们的联系更为方便快捷,但另一方面,电话沟通也有其自身的缺陷。一个人接听拨打电话的沟通技巧是否高明,常常会影响到他是否能顺利达成本次沟通的目标,甚至也会直接影响到企业、公司的对外形象。因此,应多动脑筋,千方百计让对方从声音中感受到你的热情友好。要想给对方留下诚实可信的良好印象,学习和掌握基本的电话沟通技巧和办公室电话礼仪是很有必要的。

一、电话的作用

电话是人与人之间情感和信息沟通的桥梁之一,电话进入了人们的生活后,给人们带来了许多方便。没有电话,人们联系不方便,对生活和工作都是个不小的麻烦!

早在公元968年,中国便发明了一种叫"竹信"的东西,它被认为是今天电话的雏形。欧洲对于远距离传送声音的研究,却始于17世纪。1796年,休斯提出了用话筒接力传送语音信息的办法。虽然这种方法不太切合实际,但他赐给这种通信方式的一个名字——Telephone(电话),却一直沿用至今。

二、接打电话的使用技巧

为了提高通话效果、正确表达思想,电话机旁应备记事本和铅笔,先整理电话内容,后拨电话。给别人打电话时,如果想到什么就讲什么,往往忘却了主要事项还毫无觉察,等对方挂断了电话才恍然大悟。因此,应事先把想讲的事逐条逐项地整理记录下来,然后再拨电话,边讲边看记录,随时检查是否有遗漏。另外,还要尽可能在3min之内结束。实际上,3min可讲1000个字,相当于两页半稿纸上的内容。如果一次电话用了5min甚至10min,那么一定是措辞不当,未抓住纲领、突出重点。接打电话的使用技巧,如图6-6所示。

图6-6 接打电话的使用技巧

拨打电话双方的诚实恳切,都饱含于说话声中。若声调不准就不易听清楚,甚至还会听错。因此,讲话时必须抬头挺胸,伸直脊背。"言为心声",态度的好坏,都会表现在语言之中。同理,表情亦包含在声音中。打电话表情麻木时,其声音也冷冰冰。因此,打电话也应微笑着讲话。

注意自己的语速和语调。急性子的人听慢话,会觉得断断续续,有气无力,颇为难受;慢吞吞的人听快语,会感到焦躁心烦;年龄高的长者,听快言快语,难以充分理解其意。因此,讲话速度并无定论,应视对方情况,灵活掌握语速,随机应变。

养成复述习惯。为了防止听错电话内容,一定要当场复述。

例如:同音不同义的词语及日期、时间、电话号码等数字内容,务必养成听后立刻复述、予以确认的良好习惯。文字不同,一看便知,但读音相同或极其相近的词语,通电话时却常常容易搞错,因此,对容易混淆、难于分辨的这些词语要加倍注意,放慢速度,逐字清晰地发音。当说到日期时,不妨加上星期几,以保证准确无误。

通话时间,不要在他人休息时间之内打电话。如:每日早上 7 点半之前,晚上 10 点之后以及午休时间,也不要在用餐之时打电话。打公务电话,不要占用他人的私人时间,尤其是节假日时间。给国外的客户打电话,还要特别注意其所在地与国内的时差和生活习惯。

通话内容简明扼要,要长话短说,直言主题,力戒讲空话、说废话、无话找话和短话长说。

通话语言要文明,通话之处,要向受话方首先恭恭敬敬地问一声"您好",然后再言其他。终止通话预备放下话筒时,必须先说一声"再见"。

通话时态度、举止要文明。例如:通话时,"您好""谢谢""请""麻烦""劳驾"之类的谦词该用一定要用。若拨错电话号码,一定要对听者表示歉意,不要一言不发,挂断了事。

在举止方面,应对自己有所要求,不要把话筒夹在脖子下,不要趴着、仰着,不要坐在桌角上,不要高架双腿在桌子上。拨号时,不要以笔代手,通话时,不要嗓门过高,终止通话放下话筒时,应轻轻放下。

接电话、打电话时,如果对方没有离开,不要和他人谈笑,也不要用手捂住听筒与他人谈话,如果不得已,要向对方道歉,请其稍候,或者过一会儿再与对方通电话。对方要找的人不在时,不要随便传话以免不必要的麻烦,如必要,可记下其电话、姓名等。

要学会配合别人谈话。例如:我们接电话时为了表示认真听对方说话,应不断地说"是,是""好,好吧"等,一定要用得恰到好处,否则会适得其反。要根据对方的身份、年龄、场合等具体情况,采取不同应对方式。

挂电话前的礼貌也不应忽视。例如:挂电话前,向对方说"请您多多指教""抱歉,在百忙中打扰您"等,会给对方留下好印象。办公场合尽量不要打私人电话,若在办公室里接到私人电话时,尽量缩短通话时间,以免影响其他人工作和损害自身的职业形象。

三、打电话应注意的礼仪

打电话的人是发话人,是主动的一方,而接听电话的一方是受话人,是被动的一方。因而在整个通话过程中,打电话的人起着支配作用,一定要积极塑造自己的完美的电话形象。打电话应注意的礼仪如下:

1. 打电话时要简短,而且声音要柔和

我们不知道别人有多忙,或甚至认为施压给他理所当然,这是不对的。千万不要浪费别人的时间。打电话时,要保持柔和、轻松和确实,并尽可能用最短的时间表达你的目的,然后结束。如果你遵循这个原则来打电话,别人会很乐意在办公室里接听你的电话。

2. 打电话时,要注意周围的嘈杂声

例如电话的声响、旁人的谈话,或是你吃三明治所发出的声音。吃喝的杂声进入话筒后会扩大,这会令接电话的人感觉烦躁。

3. 如果你已经拨通电话,但是没联络上,应重新再拨

如果你已经拨通了电话,但是没联络上,你应重新再拨。

例如:如果你拨错了电话,不要对被你打扰的人发出不悦刺耳的声音,不要"啪"地挂掉电话,你应该迅速柔和地表达歉意:"非常抱歉,我打错电话了,请你不要见怪",再挂掉电话。如果你表达了歉意,别人就不会心生愤恨了。

4. 准时拨电话给忙人，这对他比较方便

例如：如果你欲与某人联络，而直接打电话到办公室找他，一定要问："这时候打电话给你方便吗？"如果时间不恰当，你可以重新约个时间再联络。他可能在赶时间，或是办公室里有客人，或是正在参与某项活动，所以没办法接听你的电话，也可能你打电话给他时他在，但是因为没有秘书，或者他有其他约会，因而不方便接电话，所以你一定要问他："这时候打电话给你方便吗？"

5. 注意听对方在说些什么

当你接听电话时，不要一边看其他报纸，或是阅读放在桌上的一篇报告，否则你会错失重要的谈话内容。对方也许已注意到你的兴致不高，他也不知道该怎么办，这样一来，谈话时间就会拉长，比原订长了很多。保持轻松，要有适当的间歇，这样电话就会越快结束，当然也就越能称心如意。其次，不要突然转身与办公室里的其他人说话，因而打断电话。当你料想必是你的电话时，你的注意力是与你交谈的人最在意的问题，你应该示意秘书或同仁去接听。同样的，当你约了别人来办公室商谈某事，却在这时候一直打电话，这种举动显得无礼且没效率。

6. 打电话给外省市的人请求协助，应确定他是否该回电话

如果你打电话给外省市的某人，并请求协助，或者试图向他推销一个观念，你必须确定他是否该回你的电话。当然，电话费应该由你来付，而不是他。举例来说，如果你从纽约打电话到旧金山找某人，这个人正好不在办公室里，最好不要要求他回你的电话，否则你必须负担那笔昂贵的费用。你应该问明他何时会有空，然后再打电话给他，如果留言请他务必回你的电话，要声明由你付费（当你请对方回电话时，你可别以为电话费很便宜）。

四、接电话应注意的礼仪

1. 电话铃响两遍就接，不要拖时间

例如：拿起电话筒第一句话先说"您好"。如果电话铃响过四遍后，拿起听筒应向对方说："对不起，让您久等了。"这是礼貌的表示，可消除久等心情的不快。如果电话内容比较重要，应做好电话记录，包括单位名称、来电话人姓名、谈话内容、通话日期和对方电话号码等。

2. 电话的开头语会直接影响顾客对你的态度、看法

通电话时要注意尽量使用礼貌用词，例如："您好""请""谢谢""麻烦您"等。

打电话时，姿势要端正，说话态度要和蔼，语言要清晰，即不装腔作势，也不娇声娇气。这样说出的话哪怕只是简单的问候，也会给对方留下好印象。只要脸上带着微笑，自然会把这种美好的、明朗的表情传给对方。特别是早上第一次打电话，双方彼此亲切悦耳的招呼声，会使人心情开朗，也会给人留下有礼貌的印象。电话接通后，主动问好，并问明对方单位或姓名，得到肯定答复后报上自己的单位、姓名。不要让接话人猜自己是谁（尤其是长时间没见的朋友、同事），以使对方感到为难。

五、接电话礼仪注意事项

1. 左手持听筒、右手拿笔

大多数人习惯用右手拿起电话听筒，但是，在与客户进行电话沟通过程中往往需要做必要的文字记录,接听电话的记录表见表 6-1。在写字的时候一般会将话筒夹在肩膀上面,这样,电话很容易夹不住而掉下来发出刺耳的声音,从而给客户带来不适。为了消除这种不良现象,应提倡用左手拿听筒,右手写字或操纵电脑,这样就可以轻松自如地达到与客户沟通的目的。

接听电话的记录表　　　　　　　　　　　表 6-1

来话人：　　　　　　　　　姓名：
单位部门：　　　　　　　　职务：
来话时间：
通话要点：

处理要点：

　　　　　　　　　　　　　　　　　　　　　　　　　　　记录人：

2. 电话铃声响过两声之后接听电话

在公司内部,很多员工由于担心处理方式不妥当而得罪客户,从而招致老板的责备,因此,很多人都把电话当作烫手的山芋,抱有能不接电话就尽量不接电话的情绪。

实际上,跟客户进行电话沟通的过程也是对员工能力的锻炼过程。只要养成良好的接听习惯,接电话并不是一件困难的事情。通常,应该在电话铃声响过两声之后接听电话,如果电话铃声三响之后仍然无人接听,客户往往会认为这个公司员工的精神状态不佳。

3. 报出公司或部门名称

在电话接通之后,接电话者应该先主动向对方问好,并立刻报出本公司或部门的名称,例如:"您好,这里是某某公司……"。随着年龄的增长,很多人的身价会越来越放不下来,拿起电话往往张口就问:"喂,找谁,干嘛……",这是很不礼貌的,应该注意改正,彬彬有礼地向客户问好。

4. 确定来电者身份姓氏

电话是沟通的命脉,很多规模较大的公司的电话都是通过前台转接到内线的,如果接听者没有问清楚来电者的身份,在转接过程中遇到问询时就难以回答清楚,从而浪费了宝贵的工作时间。在确定来电者身份的过程中,尤其要注意给予对方亲切随和的问候,避免对方不耐烦。

5. 听清楚来电目的

了解清楚来电的目的,有利于对该电话采取合适的处理方式。电话的接听者应该弄清楚以下一些问题:本次来电的目的是什么?是否可以代为转告?是否一定要指名者亲自接听?是一般性的电话行销还是电话来往?公司的每个员工都应该积极承担责任,不要因为不是自己的电话就心不在焉。

6. 注意声音和表情

沟通过程中表现出来的礼貌最能体现一个人的基本素养,养成礼貌用语随时挂在嘴边

的习惯,可以让客户感到轻松和舒适。因此,接听电话时要注意声音和表情。声音好听,并且待人亲切,会让客户产生亲自来公司拜访的冲动。不要在接听电话的过程中暴露出自己的不良心情,也不要因为自己的声音而把公司的金字招牌践踏在脚底下。

7. 保持正确姿势

接听电话过程中应该始终保持正确的姿势。一般情况下,当人的身体稍微下沉,丹田受到压迫时容易导致丹田的声音无法发出;大部分人讲话所使用的是胸腔,这样容易口干舌燥,如果运用丹田的声音,不但可以使声音具有磁性,而且不会伤害喉咙。因此,保持端坐的姿势,尤其不要趴在桌面边缘,这样可以使声音自然、流畅和动听。此外,保持笑脸也能够使客户感受到你的愉悦。

课题四 纠纷处理

人们在社会生活中,难免会发生各种纠纷,如合同纠纷、商务纠纷、损害赔偿纠纷等。纠纷若不能得到妥善解决,不仅会损害当事人合法的权益,而且可能影响社会的安定。

一、纠纷释义

争执的事情;不易解决的问题;杂乱等。构成:并列式,纠+纷。近义词:纠葛、胶葛、纠缠、缠绕、牵连、瓜葛。反义词:和解。

二、矛盾纠纷分类

民事纠纷:是指平等主体之间发生的、涉及人身关系或财产关系的纠纷。包括婚姻家庭、邻里关系、房产物业、人身损害、合同、借贷等民事行为引发的纠纷。

行政纠纷:是指各级行政机关在履行职责过程中与公民、法人或者其他组织之间发生的行政争议和纠纷。包括土地、山林、水利、资源权属、医疗卫生、治安管理、城市管理等行政行为引发的争议和纠纷。

涉法涉诉纠纷:是指当事人对刑事执法、行政执法等权力部门对案件或问题处理不满而又引发的矛盾纠纷。涉及刑事、民事和行政诉讼判决或裁定,有些是历史遗留问题,有些是现实问题,主要是当事人对已经生效的法律判决或行政裁决表示不满。

本课题我们主要讨论学习民事纠纷。

三、民事纠纷

(一)民事纠纷定义

所谓民事纠纷,是指平等主体之间发生的,以民事权利义务为内容的社会纠纷(可处分性的)。

民事纠纷一般来说,是因为违反了民事法律规范而引起的。民事主体违反了民事法律义务规范而侵害了他人的民事权利,由此而产生以民事权利义务为内容的民事争议。

发生了民事纠纷,当事人可以请求人民调解委员会、有关单位、有关行政部门进行调解,也可以依法向仲裁机构申请仲裁,或者向人民法院提起民事诉讼。人民调解委员会是在基层人民政府和基层人民法院指导下,调解民间纠纷的组织。人民调解委员会依照法律规定,根据自愿原则进行调解,当事人对调解达成的协议应当履行,如图6-7所示。不愿调解、调解不成或者反悔的,可以向人民法院起诉。

(二)民事纠纷的特点

(1)民事纠纷主体之间法律地位平等。
(2)民事纠纷的内容是对民事权利义务的争议。

图6-7　纠纷的调解

(3)根据民事纠纷的可处分性,分为行政争议和刑事争议。

根据民事纠纷特点和内容,可将民事纠纷分为两大内容:一类是财产关系方面的民事纠纷,包括财产所有关系的民事纠纷和财产流转关系的民事纠纷;另一类是人身关系方面的民事纠纷,包括人格权关系的民事纠纷和身份关系的民事纠纷。

(三)民事纠纷的处理

民事纠纷的处理机制,是指缓解和消除民事纠纷的方法和制度。根据纠纷处理的制度和方法的不同可以从以下三种形式来论述民事纠纷的处理机制。

1. 自力救济

自力救济,包括自决与和解。它是指纠纷主题依靠自身力量解决纠纷,以达到维护自己的权益。自决是指纠纷主体一方凭借自己的力量使对方服从;和解是指双方互相妥协和让步。两者共同点是,都是依靠自我的力量来解决争议,无须第三方的参与,也不受任何规范的制约。

2. 社会救济

社会救济,包括调解(诉讼外调解)和仲裁。这是只依靠社会力量处理民事纠纷的一种机制。

调解是由第三者(调解机构或调解人)出面对纠纷的双方当事人进行调停说和,用一定的法律规范和道德规范劝导冲突双方,促使他们在互谅互让的基础上达成解决纠纷的协议。调解协议不具有法律上的强制力,但具有合同意义上的效力。仲裁是由双方当事人选定的仲裁机构对纠纷进行审理并作出裁决。仲裁不同于调解,仲裁裁决对双方当事人有法律上的拘束力。但是,仲裁与调解一样,也是以双方当事人的自愿为前提条件的,只有纠纷的双方达成仲裁协议,一致同意将纠纷交付裁决,仲裁才能够开始。

3. 公力救济

公力救济,包括诉讼和行政裁决。

民事诉讼是指法院在当事人和其他诉讼参与人的参加下,以审理、判决、执行等方式解决民事纠纷的活动,以及由这些活动产生的各种诉讼关系的总和。民事诉讼动态地表现为法院、当事人及其他诉讼参与人进行的各种诉讼活动,静态地则表现为在诉讼活动中产生的

诉讼关系。

行政裁决是指行政机关或法定授权的组织,依照法律授权,对当事人之间发生的、与行政管理活动密切相关的、与合同无关的民事纠纷进行审查,并作出裁决的具体行政行为。行政裁决的主体具有法定性。行政机关只有获得法律授权,才能对授权范围内的民事纠纷案件进行审查并裁决,没有法律授权,行政机关不能自行决定和裁决某些民事纠纷案件。

四、客运纠纷类型和现场处理原则

(一)客运纠纷类型

(1)轻微纠纷:发生纠纷双方只限于口头冲突,并未影响车站正常运营秩序或其他乘客乘车的。

(2)一般纠纷:发生纠纷双方由口头冲突上升为肢体冲突,并已影响车站部分区域内正常运营或其他乘客乘车的。

(3)严重纠纷:发生纠纷双方出现身体伤害及伤亡,造成车站混乱及行车混乱,影响正常运营,影响乘客乘车。

(二)现场处理原则

纠纷事件现场处理原则:

(1)客运工作人员不得与乘客发生纠纷,若发生纠纷则按相关应急预案搜集证据、及时上报,避免事态的扩大、严重,避免给公司造成不良影响。

(2)乘客之间发生纠纷后,则以维持正常的客运服务秩序为原则,按相关应急预案搜集证据、酌情报警,积极配合民警进行处理。

(三)乘客纠纷事件的处理

乘客与乘客纠纷处理遵循"及时劝阻、报告公安、对受伤乘客协助送医院"的原则。员工与乘客纠纷处理遵循"服务为先、保持冷静、打不还手、骂不还口"的原则。处理程序如下:

(1)在站台和站厅的站务人员发现处理乘客纠纷事件后,要及时上前劝说,挽留目击证人,报告车控室通知值班站长到场。

(2)值班站长接到通知后迅速到达事发现场,劝说乘客,接洽目击证人,报告民警,协助公安调查取证,对受伤需送医院的乘客帮助叫"120"到场,如系车站员工导致乘客受伤,车站派员工送乘客至医院治疗。

(3)发现乘客与乘客之间纠纷、斗殴时,注意自我保护,第一时间上前劝解,分开乘客,劝阻纠纷和斗殴,并立即报车控室安排支援,疏散周边的乘客,防止其他乘客受到伤害,向附近的同事求助,车控室接报后,通知值班站长及车站员工赶往现场处理,报告民警。

课题五　客运服务人员沟通与应对技巧

公路旅客运输与其他客运方式相比,有以下五项特点:

(1)路网最密集。公路旅客运输是沟通城市与乡村,连接内地和边疆,分布最广阔,在各种客运方式中网络最为密集的运输方式。

(2)运输覆盖面广。以汽车为主要运输工具,对道路条件适应性强,能够运达山区、林区、牧区等不易到达的地方。

(3)机动、方便。既可组织较多车辆完成一定规模的、大批量的旅客运输任务,也可单车作业,完成小批量的旅客运输任务,还可以为铁路、水路、航空等运输方式集散旅客,具有其他运输方式所没有的"门到门"运输和就近上下客等特点。

(4)灵活性强。道路客运线路纵横交错、干支相连,线路和站点形成网络,并易于根据情况调整,便利旅客乘车,能较好地满足旅客出行的需要。

(5)投资少,资金回收快。车辆更新容易,能适应国民经济的发展和人民物质文化水平提高的需要。

客运服务直接面对广大乘客的客运服务工作,客运服务工作是直接反映交通系统运营管理水平的重要标志之一,也是反映城市文明程度的一个窗口。在满足了客运服务的基本要求后,企业追求的是更高的服务质量,更高的乘客满意度。要实现这一目标,就必须有高超的服务技巧,也就是要讲究服务艺术。我们通常所说的"服务艺术",实际是指在服务活动过程中,为满足服务对象的某些特殊需要所运用的具体方法。有时,它也可以用于衡量客运服务人员在运用一定的方法和技巧后得到的服务效果的良好程度。讲究服务艺术,就是必须讲究服务方法,它追求的是良好的服务动机与良好服务效果的统一。

客运服务人员的工作,接触的乘客成千上万、千姿百态,如何针对不同的对象、不同的情况、不同的需求,使各种各样的乘客都能得到满意的服务,这就要求客运服务人员学会沟通与应对技巧。

一、客运服务人员学会聆听、学会表达、学会使用肢体语言

1. 学会"聆听"

聆听是有效沟通的必要部分,以求思想达成一致和感情的通畅。

"听到"和"聆听"有着根本性的区别:

听到——只代表耳朵接受了对方所说的事情。

聆听——更是一种情感活动,在接受对方所说的事情外,还能真正理解对方所说的意思。

在接待乘客,为乘客提供服务时,要学会站在乘客的角度考虑问题,将心比心地感受乘客的心情。只有带着这样的情感去听乘客的叙述,才是真正听懂乘客心声的好办法,只有听懂了,我们提供的服务和处理意见才能符合乘客的需求,才是乘客能够接受的。所以聆听是乘客服务中不可或缺的沟通技巧。有效的沟通技巧建立在关心的态度及真心希望去了解乘客的意图上。

有道是:少说多听。它不但是常人必须知道的处世之道,而且也是客运服务人员必须掌握的服务技巧。当旅客提出要求或意见时,客运服务人员应耐心加以聆听,除了可以表示对旅客的重视之外,也是对服务人员所提出的一种基本要求。因为唯有耐心地、不厌其烦地聆听了旅客的要求或意见,才能充分理解对方所思所想,才能更好地为对方服务。此时任何的

三心二意,都会让客户对象不快。

客运服务人员在聆听旅客的要求或意见时,切忌弄虚作假、敷衍了事。一般来讲,当旅客阐明己见时,客运服务人员理当暂停其他工作,目视对方,并以眼神、笑容或点头来表示自己正在洗耳恭听。

2. 学会"表达"

在与乘客交流时,语气语调是相当重要的。在语言学中,语调是指说话时语音高低轻重配置而形成的腔调,是说话者内心感受的语言表达。因此语调往往成为语言表达正确与否的关键,同样一句话,不同的语调能反映出说话者不同的心情。作为服务者必须练习对乘客讲话的语调。错误的声调,往往造成乘客的误解,造成对服务质量的不满意。

语调包括:语速、音量、音调、音强、语态五要素。客运服务人员应该学会通过语调的正确运用向乘客传达这样一个信息:我乐于帮助你们。

语言本身代表每一个人的属性,一个人的成长环境会影响每个人的说话习惯,作为一名客运服务人员要学会说话的艺术。不同的服务语言往往会得出不同的服务结果,一名客运服务人员要掌握不同的说话技巧,如:对老年旅客的说话技巧,对儿童旅客的说话技巧,对特殊旅客的说话技巧,对外国旅客的说话技巧,对发脾气旅客的说话技巧,对重要旅客的说话技巧,乘坐班不正常时服务的说话技巧。在服务当中,往往由于一句话,会使服务工作带来不同的结果,一句动听的语言,会给客运公司带来很多回头客;由于一句难听的话,旅客会不再乘坐这家客运公司的班次;他可能还会将他的遭遇告诉其他旅客,所以得罪了一名旅客可能相当于得罪十名或上百名旅客。但不同的一句话,却带来了不同的结果。这就是说话的艺术,作为一名合格的客运服务人员,说话真是太重要了。

3. 学会"使用肢体语言"

服务人员除了需要掌握"听与说"的技巧,还要掌握与听和说相辅相成的肢体语言、表情。要知道,即使单独使用肢体语言,也是能实现信息传递的,聋哑人的手语就是最好的证明。因此即使听和说的技巧再高,但假如使用了不一致的肢体语言,那么,无论语调多温和,说话多动听,乘客看见的还是只有一个意思——拒绝服务。因此必须让肢体、语言、表情与服务同步,才能真正体现"愿意真心为乘客提供服务"的意图。

二、客运服务人员沟通技巧基本原则

客运服务人员在面对旅客时代表着客运公司,因此应有大局意识,注意正面维护公司形象。当旅客提出某些具体要求时,客运服务人员最得体的做法是:认真聆听,并尽量予以满足。从某种意义上讲,耐心聆听客户的要求,本身就会使对方在一定程度上感到满足。

在回答问题时,严禁推卸责任,或暴露公司内部衔接上的不足。在回答问题时,做到应对谨慎、专注、耐心地聆听,使旅客感受到被尊重,有积极的回应,注意为旅客提供多种选择,要点确认、重复,恰如其分的插话。注意眼神交流和使用肢体语言。用简练的语言说清楚要点。对于敏感事件,不应擅自与旅客交流、讨论。严禁使用不文明语言。严禁在工作岗位上评论旅客的肤色、外形、衣着、装扮等。

乘客发泄,认真聆听,换位思考,理解乘客的感受,让乘客发泄出来,使用聆听的技巧,让旅客感受到你很尊重他,真诚地说声对不起,让乘客感受到你的真诚,让乘客知道你理解他的不满;受理乘客投诉,积极、真诚地面对乘客;充分沟通,收集信息;感谢乘客的投诉,询问乘客的不满及需要改进的意见,阐明处理投诉的方针和服务的承诺,协商解决处理问题,耐心地与乘客沟通,取得他的认同;快速、简捷地解决乘客投诉,不让乘客失望。答复乘客,投诉处理完毕,应该给乘客一个明确和忠实的答复,通过答复乘客了解乘客满意度及乘客的期望和建议也是至关重要的。

三、客运服务人员的礼貌用语

"您好""请""谢谢""对不起""再见",俗称十字文明用语,这是人际交往中最基本、最常用的礼貌用语,也是客运服务人员应当熟练掌握的服务礼仪用语。

1."您好"

"您好"是向别人表示敬意的问候语和招呼语。恰当地使用"您好"能使旅客感到温暖亲切。在客运服务中,很多场合都需要以"您好"作为开头语,同时伴以微笑和点头。比如当旅客光临时、接听电话时、为旅客提供服务前、与旅客有目光接触时等,服务人员都应该主动向旅客说声"您好"或"先生您好",然后再说其他服务用语,例如,"您好,先生,请问有什么能帮助您吗?"而不要颠倒顺序,也可以根据不同的时间说"早上好""下午好",这些词语同样可以表达"您好"之意。

2."请"

说"请"本身就包含对他人的敬意。"请"可以单独使用,也可以与其他用语搭配使用,同时伴以恰当的手势,比如请旅客入座,可边做手势边说"请坐"。通常在请求旅客做某事时、表示对旅客关切时、自己表示谦让时、要求旅客不要做某事时、希望得到旅客谅解时等,服务人员都要"请"字当头,如"请出示车票""请小心""请对号入座""请原谅"。

3."谢谢"

"谢谢"是礼貌地表示感激的用语。在旅客提供支持配合后、旅客消费后、旅客提出意见和建议后、旅客对服务工作表示赞扬和满意时,服务人员都应该面带微笑,目视对方,自然地说声"谢谢"。例如"谢谢您的合作""谢谢您的宝贵意见""谢谢您的称赞"等。致谢时,吐字要清晰,并注意把重音放在第一个"谢"字上。

致谢应发自内心,决不可流露出丝毫的敷衍和勉强。有时我们说过"谢谢"后旅客可能反应冷淡甚至毫无反应,服务人员对此不可介意,更不可因此影响自己的情绪,因为一声"谢谢"表达了服务人员的礼貌和诚意,而实际上旅客内心肯定也已感受到了这一点,这就够了。当然,为了防止这种"尴尬",必要时可解释一下致谢的原因,以免令对方感到茫然和不解。

4."对不起"

"对不起"是道歉时的礼貌用语。通常是在自己有愧或有过失行为时、在坚持规章制度又需要礼貌待客时、需引起旅客注意时、打断旅客交谈时或未能满足旅客需求时等情况下使用。例如:"对不起,我们的班车晚点了""对不起,打扰您了""对不起,按《客规》规定,退票要收取手续费""对不起,我这里要强调一下""对不起,×××班次车票已经售完"。

5."再见"

"再见"是人们在分别时说的告别语。说"再见"时,同样应面带微笑,目视对方,并借助动作表示依依不舍、希望重逢的意愿,比如握手、摆手等。说"再见"时,还可根据实际需要再加上几句其他的话,比如,"再见,希望您再来""再见,祝您一路平安",也可以对多次见面或经常见面的旅客说"下次见"。

四、大客车驾驶人服务服务岗位语言规范

下列语言可采用口播、录音或视频等形式。

1. 旅客上车时

(1)您好,欢迎乘坐×××班车。(新年或过节时:您好改为新年好,节日好。)

(2)请不要拥挤,上车后对号入座。

(3)请您把随身行李放在座位底下或行李架上,不要把行李放在过道上。

2. 旅客坐定后

(1)旅客们,你们好!欢迎您乘坐×××班车。我是×××号大客车驾驶人。本次班车是×点×分开往××(地方)的班车,终点站是×××(客运站),正常情况下大约行驶××小时。车辆行驶中请保管好您的贵重物品。如果您有什么困难和要求,可直接与我们联系。

(2)旅客们,车辆马上就要开了,请您赶快坐到您的座位上,带小孩的旅客请看管好您的小孩。

3. 车辆行驶中

(1)旅客们,为了保持车厢内的安全和卫生,车厢内不准吸烟,瓜皮果壳请放进清洁袋中。旅客们,本次班车是直达班车,途中不能上下客,谢谢您的合作。

(2)(当高速公路发生交通堵塞时)各位旅客请注意,目前高速公路堵塞,为了您的安全,高速公路上是不能下客的,请您耐心在车上等候,谢谢您的合作。

(3)(当车辆发生事故需换车时)旅客们,你们好,我们非常抱歉地通知大家,由于×××原因,本车辆无法继续行驶,公司已派出车辆,正常情况下大约××小时赶到这里。请旅客们耐心在车上等候,给您带来的不便敬请谅解,谢谢您的理解与合作。

(4)(当车辆发生事故需旅客下车时)各位旅客请注意,由于×××原因,请带好您的贵重物品从车门下车,给您带来的不便敬请谅解,谢谢您的合作。

4. 途中休息时

(1)旅客们,我们的车辆已经进入×××服务区,在服务区休息10min(就餐休息20min)开车时间为×点×分,请旅客们全部下车,贵重物品请妥善保管。

(2)旅客们,我们的车辆马上就要离开×××服务区,请您再仔细检查一下,您的随身行李是否遗忘在服务区,是否还有旅客没有上车(大客车驾驶人应清点人数)。从服务区到终点站正常情况下大约还要行驶××小时,一路上旅客们辛苦了,我们再一次提醒大家,在车上休息时一定要妥善保管好您的贵重物品。

5. 征求意见时

(1)请您对我们的服务多提宝贵意见。

(2)您提的建议很好,我们会加以改进。谢谢您。

(3)请原谅,由于我们的失误,给您添了麻烦,下次服务我们一定改进。

6. 车辆进站时

（1）旅客们，你们好，终点站马上就要到了，到站后，请旅客们拿好自己随身携带的物品，带小孩的旅客请带好您的小孩，待车辆停稳后依次下车。有行李的旅客请到行李舱提取。

（2）旅客们，我们将愉快地结束这次旅行，我代表本公司衷心地感谢您一路上对我们的工作给予的支持和帮助，欢迎您再次乘坐×××的班车，下次旅行再见。

参考文献

[1] 金正昆. 商务礼仪[M]. 北京:北京大学出版社,2005.
[2] 金正昆. 服务礼仪[M]. 北京:北京大学出版社,2005.
[3] 王景平,留连兴. 现代礼仪修养[M]. 北京:国防工业出版社,2007.
[4] 蔡践. 礼仪大全[M]. 北京:当代世界出版社,2007.
[5] 少恒. 实用礼仪大全[M]. 北京:当代世界出版社,2010.
[6] 浙江省道路运输管理局. 客运企业与站(场)经理人培训教材[M]. 杭州:浙江科学技术出版社,2009.